# 风起来溪

## 教育教学探索与思考

施伟萍 著

FENGQI LAIXI

苏州大学出版社
Soochow University Press

图书在版编目(CIP)数据

风起来溪:教育教学探索与思考/施伟萍著.—
苏州:苏州大学出版社,2017.11
 ISBN 978-7-5672-2307-3

Ⅰ.①风… Ⅱ.①施… Ⅲ.①大学语文课-教学研究
-高等职业教育 Ⅳ.①H193

中国版本图书馆 CIP 数据核字(2017)第 292884 号

| 书　　　名： | 风起来溪——教育教学探索与思考 |
| --- | --- |
| 作　　　者： | 施伟萍 |
| 责任编辑： | 周建兰 |
| 装帧设计： | 吴　钰 |
| 出版发行： | 苏州大学出版社(Soochow University Press) |
| 社　　　址： | 苏州市十梓街1号　邮编:215006 |
| 印　　　装： | 虎彩印艺股份有限公司 |
| 网　　　址： | www.sudapress.com |
| 邮购热线： | 0512-67480030 |
| 销售热线： | 0512-65225020 |
| 开　　　本： | 700mm×1000mm　1/16　印张:12.5　字数:209千 |
| 版　　　次： | 2017年11月第1版 |
| 印　　　次： | 2017年11月第1次印刷 |
| 书　　　号： | ISBN 978-7-5672-2307-3 |
| 定　　　价： | 30.00元 |

凡购本社图书发现印装错误,请与本社联系调换。服务热线:0512-65225020

# 序　言

教育的发展需要教师多多探索和思考，培养自己探究新事物的好奇心和发现问题的敏锐眼光，不断更新教育观念，掌握现代教育理论、教学信息、教改经验和现代化教学手段，具有较强的教育教学能力和创新意识，博采众长，能在现代人才观、质量观和以人为本的教学观的指导下，创造性地组织实施教育教学活动，善于发现问题、分析问题、解决问题。

对学校而言，教师的专业发展是学校可持续发展的关键，是学校核心竞争力的最集中体现。近年来，我校重视教师队伍建设，特别是重视教师的专业成长，教育教学质量和社会声誉获得快速提升。实践证明，促进教师专业发展，离不开教师自身对教育教学工作的思考与研究，不断总结与反思，并努力进行理论提升，撰写教育教学研究论文。

施伟萍老师在几十年的教育教学工作中兢兢业业，她在紧张纷繁的日常工作之余，笔耕不辍，将自己的探索与思考写成论文。其中有许多已经在专业学术刊物上公开发表，有的在不同级别的论文评比中获奖。这些论文也是她教育教学智慧的结晶，是学校的一笔宝贵财富。2013年1月施伟萍老师领衔成立了"来溪语文名师工作室"，"来溪"一词源自于从苏州城西面的石湖流入我校的一条清澈的小溪，就是连接吴越的古老的"越来溪"，"越来溪"见证了历史上春秋五霸之吴国和越国之间的恩怨纷争，见证了苏州文化形成发展的全过程，见证了学校迁入上方山下、石湖之畔的十多年的发展历程，清澈明净的溪水滋润着校园的一草一木。多年来，"来溪语文名师工作室"立足文化、立足教育、立足教研，团队协作，优势互补，重点搭建了促进中青年教师专业成长以及名师自我提升的发展平台，打造了一支研究型的学习团队。

为了加强优秀教学成果的交流与推广，让更多人得惠于此，营造更加浓厚的教研氛围，鼓励更多老师积极地、深入地开展教育教学研究，养成总结与反思的习惯，更好地促进教师专业水平提升，真正推动学校内涵发展，特引荐此文集给广大青年教师学习与思考。

社会在发展，教育在创新，希望我们的教师不要固守在经验化的自我满足中止步不前，要做一名既能运筹于笔墨，又能决胜于课堂的优秀教师，这样我们的教育就会立于不败之地，我们的教师才能提升自我教育能力，成长为名副其实的名师。

臧其林

二○一七年九月十日

# 目 录

序言 / 1

## 语文教学探索与思考

文学经典阅读危机与重建途径 / 3
基于学生主体的五年制高职语文教学模式探析 / 10
财经应用文写作精品课程建设的实践与思考 / 15
《五人墓碑记》中的"义举"溯源 / 18
微博：高职语文施教的新平台 / 24
高职语文传统文化人文教学资源拓展实践研究 / 29
文以载道，文道合一
　　——浅谈高职语文教学的德育渗透 / 35
语文教学融入高职专业人才培养模式的探析 / 39
教学是一种灵动的艺术
　　——高职语文创新性教学探微 / 43
高职文秘专业应用文写作教学方法初探 / 47
略论孔子的仁学思想与文秘专业礼仪教学 / 50
阿Q形象的镜子效应
　　——由《阿Q正传》的教学而引发的思索 / 54
欲说还休：语文多媒体教学利弊谈
　　——从《雷雨》多媒体公开课说起 / 59
活跃创造性思维，开展创造性教育
　　——语文创造性教育探微 / 63

寻找开启语文创造性教育的钥匙
　　——利用电化教学手段开展语文创造性教育　/ 67
论语文课堂教学与素质教育的关系　/ 71
浅论语文素质教育之重心——阅读教学　/ 74
财经应用文写作教学管窥　/ 78
影视语言与语文教学　/ 81
让兴趣成为最好的老师
　　——语文写作教学浅谈　/ 84
美感与意境
　　——中师语文结合美学教育点滴　/ 87

## 职业教育探索与思考

提升五年制高职青年教师科研能力的策略研究　/ 93
基于现代学徒制的非遗传承人培养模式构建
　　——以苏州旅游与财经高等职业技术学校为例　/ 98
基于"工匠精神"的旅游人才培养模式研究　/ 104
浅论环境对提升高职学生综合素养的影响　/ 109
德育学分制背景下建立学生成长档案的研究　/ 112
校企合作背景下探索大旅游时代人才培养新模式　/ 115
基于"主客统一、主体互动"的五年制高职实践教学研究
　　——以苏州旅游与财经高等职业技术学校为例　/ 118
创新驱动背景下高职校德育学分制的实践研究　/ 123
浅论我国传统文化教育与职业教育的融合　/ 128
多渠道开展实景化专业教学，立体化培养现代服务业人才
　　——以苏州旅游与财经高等职业技术学校为例　/ 133
新网络时代高职校德育案例传播与应用研究　/ 139
网络时代德育案例传播与应用研究
　　——以苏州旅游与财经高等职业技术学校为例　/ 143

五年制高职学生实施分层德育管理的研究 / 147

高职校创新性德育活动可行性调研 / 152

五年一贯制高职德育活动创新性研究 / 156

五年制高职急待建立学分制管理模式 / 162

品牌制胜,实现招生工作新突破
　　——以苏州旅游与财经高等职业技术学校为例 / 165

知五寸之矩,尺天下之方
　　——探索开放式校园学生管理新模式 / 171

主动出击　寻找位置
　　——职业学校毕业生择业工作探讨 / 175

注重环境效果　加强素质教育
　　——浅谈校园环境对学生素质的影响 / 179

奏响二十一世纪素质教育的新乐章
　　——财经类职业学校素质教育新机制的构建 / 183

后记　/ 189

# 语文教学
## 探索与思考

# 文学经典阅读危机与重建途径

**摘　要**：文学经典作品的阅读是每个人成长过程中不可或缺的,文学经典能潜移默化地影响学生的成长。信息时代随着媒体形式的多元化,阅读文学经典原著者越来越少,阅读快餐文化成为主流,阅读主要表现为图像化、网络化和功利化。要扭转这一现象,需要全社会成员的共同努力。学校教育担负着对文学经典阅读引导的重任,可通过开展读书活动、语文实践活动和文学社团活动,培养学生的阅读兴趣和阅读习惯,使文学经典回到学生的生活中,唤醒青年人对生命意义的认识。

**关键词**：文学经典；阅读危机；重建途径

文学经典具有恒久不变的艺术魅力和文化价值,学生阅读文学经典可以触动灵魂,提升精神境界。因为在阅读过程中,学生的自我意识会通过与文本的对话被激发出来,即意识到自己作为一个对话主体和思维主体的独立性、独特性。从文本阅读中学生会慢慢获知自己现在是谁,而且会希望将来自己成长为谁。在与文本的对话中能不断发现与构建自己的主体性,从而逐渐培育与塑造出一个更加丰富的自我。阅读可潜移默化地点燃学生的人生理想,激发他们内心深处的感知力、思考力、创造力,从而让他们获得人生的经验,最终达到生命与人性的全面唤醒。

随着时代的快速发展,学生对文学经典的阅读越来越少,近五年来,每年对所任教的16—18岁五年一贯制高职学生进行问卷调查发现,阅读过我国四大名著原著的学生人数不到3%,大部分学生只是通过影视接触过,阅读其他中外名著者更是少之又少。文学经典阅读危机越来越严重,有必要探讨重建阅读经典的途径,引导学生阅读文学经典,提升人文素养。

## 一、文学经典阅读意义

### 1. 人文体验

阅读文学经典就要读原著。教师要引导学生阅读文学经典的原著,就是要忠实于原著的精神内涵。文学经典是博大精深的,在一定程度上超越了时间和空间的限制。以阅读经典小说为例,在阅读小说的过程中,随着扣人心弦的故事情节的展开,趣味横生的场景的铺陈,丰富多彩的人物命运的变化,学生就会不自觉地参与和文本的对话,走入经典文本的世界,把文本中的人物当作自己来理解,把文本所描述的事情当作自己的经历来体验。虽然小说中的人物是虚构的,但是学生阅读后的人文体验和情感体验丝毫不会受到影响。

文学经典的阅读是一种很好的人文体验,经常阅读会养成专注的习惯,读到妙处常常会令人拍案叫绝,那些智慧和精彩、聪明和独特、善恶和美丑,都会给人一种指引。人生很多的快乐应该来自于读书,如果放弃了文学经典的阅读,就放弃了人生的很多快乐。在阅读时内心所关注的事物自然而然地会与小说中的人和事联系起来,这种关注也是一种自我的关照。学生会在阅读中选择自己能理解和接受的审美意识来创设美的氛围和情境。在这种情景和氛围中慢慢进入一种全新的境界,最终使得学生进入作者的文字世界以及人物的内心世界!

现代传播技术的进步虽然给人们接触文学经典提供了方便与可能,但是通过影视、漫画、游戏接触的文学经典,与原著有着本质的区别,它们只能是了解文学经典的一个辅助,根本不能替代文学经典原著的阅读。文学经典原著有着独特的文化内涵和精神生命,影视、漫画、游戏等形式对经典的再创造常常会丢失原著的审美信息,对原著本身的人文体验也会有些变形,所以要体验文学经典的人文性就必须阅读文学经典本身,一千个观众就有一千个哈姆雷特。

### 2. 精神成长

阅读尤其是文学经典的阅读能促进人的精神发育与成长,当代教育家朱永新曾经说过,"一个人的精神发育史就是一个人的阅读史",人的精神成长与生理成长同等重要,人要有精神需求,精神文化永远会得到追捧。文学经典的阅读是满足人们精神需求的最好方式,所以积极倡导文学经典的阅读是促进学生精神成长的催化剂。文学经典阅读如同人生命中的阳光和空气一样,不可或缺。

尽管文学经典阅读不能改变人生的长度,但是可以改变人生的宽度。每个人躯体都会有饥饿感,从小我们已经被训练了要定时进食。人的精神也有饥饿感,精神同样需要营养,文学经典就是学生最好的精神食粮。要成为一个精神世界丰富的人,就必须大量地阅读经典作品,如果每个家庭能从小就培养孩子的阅读兴趣,把阅读作为一种生活方式,这对人的成长是大有裨益的。学生养成对文学经典的阅读需要,将形成影响终身的阅读兴趣与阅读习惯。如果学生对书本阅读的兴趣远远大于对电视和网络的兴趣,那么我们整个民族的素质也会大大地提升。

### 3. 生命意义

文学经典文本能够指引人们走向自我的崇高,提升自身的素养。人生存于世界,既要向外认识外部客观世界和社会环境,也要向内了解自身,从而获得对自我存在的意义、价值和生命的确认。人文学科正是人类围绕这些问题而展开的种种探索与对话。

文学经典的阅读是带给生命快乐的活动,我们生存的世界很神秘,有许多经验我们无法获得,只能通过阅读来获得。人生不仅需要品尝,更需要回味寂寞,可以通过阅读文学经典来获得。读书虽然是一个人静静地读,但是我们的心灵和文学经典中的人物在进行生命意义的探讨,这样我们的人生才更加完整。学生更加需要这样的阅读,才能在成长过程中丰富自己的内心世界,更加全面地认识世界。

## 二、文学经典阅读危机

调查发现,我国全民阅读状况堪忧,每年人均纸质图书阅读量不足5本。2014年4月23日"世界读书日",媒体上公布了一系列数据:我国国民的读书热情和个人藏书量5年来持续走低,保持阅读习惯的"阅读人口"目前只占总人口的5%!全世界平均每年每人读书最多的民族是犹太人,人均64本;全世界平均每年每人读书最多的国家是俄罗斯,人均55本;美国的全民阅读计划正在进行,平均每年每人读书50本。有这样一句话:智慧掌握在犹太人的脑子里。究其原因,是因为犹太人是最爱读书的民族!在每一个犹太人的家庭里,小孩出生后不久,母亲就会读《圣经》给他听。而每读一段后,就让小孩去舔一下蜂蜜。当小孩稍微大一点时,母亲就会取出《圣经》,滴一点蜂蜜在上面,然后叫小孩去舔《圣经》上的蜂蜜,这样做是为了让孩子明白:书甜如蜜。读书就像蜜蜂在采香甜可口的蜜一样,当你打开一本本书,就像来到了充满欢声笑语的乐园。我国学生从小没有养成阅读的习惯,存在的危机主要有以下几种情况:

### 1. 图像化阅读

现代社会资讯发达，媒介形式多样，读图成为主流，但是以图像、图画为主体的文化传播，会局限人们的认知。影视、摄影、网络文学等各种渠道得来的资讯越来越广泛地融入了人们的生活之中，电视、动漫、游戏横扫天下，对以文字为主的文本阅读产生了极大的冲击。图像与文字作用不一样，图像画面感很强，框住了人们的想象；而文字符号需要人们思考，转化成画面，提升人们的想象力，所以读文和读图作用是完全不一样的。阅读文本作品时读者可以进入一个广阔的自由想象的空间，在头脑中再造出文本所描述的人物、场景、情节、感情等，这样的过程在读图时是很难拥有的。

过去读图主要针对幼儿、少儿，而现代信息社会节奏加快，主流媒体、广告、网络、漫画、动画、画报、杂志等图像地位越来越突出，让成人也陷入了图像的包围之中，图像在与文本的较量中占据了上风。慢慢地，我们这个时代被贴上了"读图时代"的标签，"有图有真相"的口号越来越响亮。人们阅读文字的数量大大减少，对文学经典的阅读逐步放弃，同时人们的思考能力、想象能力正在逐步退化。只接受图像所造成的后果是容易使读者变得"浅薄"，失却思想的深度，纵容了人们的惰性和被动。人若沉湎于图像世界中，就很难对文字感兴趣，原来那种咀嚼优美文本的感觉荡然无存。

### 2. 网络化阅读

随着计算机技术、现代通信技术、多媒体技术、网络技术的飞速发展，网络化阅读已经成为人们重要的阅读方式之一。网络化阅读是一种由文本的变化所带来的新的阅读方式，数字化技术的发展给网络化阅读带来了便捷，人们不受时间、空间的限制，在手机和电脑上就可以进行网络化阅读，文学经典作品既可以在线阅读，也可以下载后阅读。在微信、微博大行其道之时，网络化阅读有越来越趋向零星的碎片化的倾向，不如文学经典作品的阅读完整。

网络本身的创作是快捷化的，人就没有对经典文本的深入研究，加上很多时尚的网络用词，对语言的审美破坏很大，对人的精神发展不能提供充分的"养料"。在网络这样一个创作的空间，人们更多的是通过文化艺术的活动来寻求更多的快乐、表达娱乐。从寻找快乐到快乐阅读，从快乐阅读到娱乐至上，又从娱乐至上到娱乐至死，网络文本作为一种文化形态完全依据读者的好奇心理，主要目的是趋利，吸引眼球，在引导读者思考上缺乏深度。

### 3. 功利化阅读

功利化阅读的一个重要表现就是阅读的目的性非常明确，可能为了升学、为了解题、为了技能,在网上搜寻相关的知识进行学习,这未尝不可,这种阅读是现代文明社会人必须具备的一项实用技能,是人们目前汲取信息和获得知识的最快捷的方式,但是只有这样的阅读是不行的,人类的精神状态还需要更多的内容去滋养,经典作品的阅读就是一种最好的精神滋养,所以经典作品的阅读是不可或缺的。功利性阅读的一个明显特点就是目标的单一性,而且这样的目标都是带有"效益性"的,教师不能任由学生放弃文学经典作品的阅读。若阅读只是带有功利性的片面阅读,那么我们的人文精神就会缺失,情趣性阅读就会减少;浅阅读多,深阅读就少;图像阅读多,文字阅读就少。

过早地把阅读当成获取知识和信息的工具,这样做其实对学生的可持续发展是极为不利的。他们的整体阅读能力、阅读兴趣以及伴随的写作能力都会受到压抑,就不可能达到经典阅读所带来的审美境界,人们的文化素养也不可能得到提升,这跟我们的教育目的显然是背道而驰的,教育不是功利性的,阅读也不能完全是功利性的。

### 三、文学经典阅读重建途径

文学经典传承着人类最深刻、最美好、最丰富的情感,更是人文价值的重要载体。对文学的态度,反映着一个民族对于文化的态度,对优秀文明成果的态度,以及对人类历史经验传承的态度。与经典的疏离,必然导致人文精神的失落。不可怀疑,精神之于人,之于国家,之于民族,都是核心的支撑。

**1. 经典读书活动**

阅读首先是个体的行为,但是阅读也是需要分享的,所以又是学生的一种交流方式。教师要引导学生去阅读经典作品,开展经典作品的读书活动,撰写学习心得,相互间进行交流,让学生们共同探讨,共同成长。

开展经典作品的读书活动,可以让学生逐渐拥有共同的愿景与未来,从而不断地创造新的更加美好的未来。如苏州市每年举办读书节活动,如经典诵读活动、经典欣赏活动、征文活动,该活动深入全市的学校、企业、机关和社区。《名作欣赏》杂志一直致力于经典作品的阅读推广,每年组织理事单位开展校园的经典阅读活动,对学生的阅读是一个很好的推动。对诸如此类的读书活动,如果各级部门大力推广,那么扭转经典文学阅读危机是指日可待的。

**2. 语文实践活动**

在各级学校的语文教学中让文学经典作品向现实生活靠拢,可以让学生在鲜活有趣的现实体验中感受文学经典的精神厚度和审美冲击力。语文作为人文学科，并不排斥自然科学的方法，这不仅在于教材中有自然科学文本，更重要的是教学必须传授确定明晰的知识。阅读文学经典，为什么要强调个体体验呢？因为以人为对象的文本必须通过个人自身的体验，其中蕴含的知识才能得以内化与存储，这样才能提高语文素养。但是当今的阅读教学重认知、轻体验是普遍现象，教师只是把知识塞给学生，未注重知识的应用与创造。教师要通过语文的实践活动，引导学生自己进入文本去体验其中的思想、意象、情感或人物，说出属于自己的感受，这才是阅读经典中的人文体验。

例如，语文经典名篇莫泊桑的《项链》，小说结尾是主人公玛蒂尔德得知葬送自己一生幸福的那条项链竟是假的，小说戛然而止，那么接下来主人公会有什么反应呢？通过文本的经典阅读后，教师引导学生进行人文的体验，先分学习小组组织学生的语文实践活动。表演一段续项链的情节，每一组的情节是完全不同的：有的组表演的玛蒂尔德抱头痛哭，呼天抢地："天哪！我的青春，我的十年！"有的组表演的玛蒂尔德沉默着："真的吗？啊！我终于维护了自己的诚信！"有的组表演的玛蒂尔德听完笑了，她向佛来思节夫人要回了属于自己的项链。有的组表演的玛蒂尔德坦然庆幸自己成为自食其力的劳动者，不必再为虚荣烦恼。有的组表演的玛蒂尔德愤怒斥责佛来思节夫人，要诉诸法律。有的组表演的玛蒂尔德为佛来思节夫人说出真情所感动，她向佛来思节夫人致谢。有的组表演的玛蒂尔德在微风中叹了口气，目光痴呆地凝望着遥远的碧蓝的天空。这是不同人文体验的结果，充分调动了学生参与文学经典阅读和教学对话的积极性，最后再布置学生完成作文"续项链"，学生有了丰富多彩的体验后作文水平也大大提高了。

### 3. 文学社团活动

文学社团是最受学生欢迎的社团之一，文学社团的成员除了可以交流文学经典作品阅读的心得体会之外，还可以进行文学经典作品的朗读活动，朗读是书面语言的有声化，是化无声文字为有声语言的阅读活动。它具有唤起形象、表达情感、加强理解、训练思维等多种功能，越是具有感情的、投入的朗读，越能将文本所指的具体、特殊、感性的事物于我们头脑中形成具象，使我们更能体会作者独特的个人体验和描绘视角。所以朗读文学经典作品是文学社团一项很有意义的活动。

文学社团能激发学生的阅读兴趣，提高阅读和写作能力。学校应组织文学社团，从小培育学生探索的欲望和良好的阅读习惯，让学生获得阅读的乐趣，让学生深深喜爱阅读，从阅读中获取知识，并用知识充实自己的内心，用阅读来丰富自己的生命体验,开阔自己的视野。阅读建构起来的是强大的内心体验和内心世界,获得的是人生的谋篇布局。文学社团可以举办"读名著,谈感受"等一系列活动,可以围绕文学名著中的某一主人公的名言召开一个题为"生命的价值"的小型交流会。文学社团可以培养未来作家的苗子,也可以去影响周围的人去阅读经典作品,创办文学社团是倡导经典阅读的很好的途径。

文学经典中一些永恒的东西不局限于某个时代。教师要引导学生阅读文学经典,借鉴它的文学价值,寻找精神伴侣,陶冶情操,开阔思维,这对学生人生的发展是非常有意义的。

## 参 考 文 献

[1] 吴晓东.当文学经典正在远去[J].教育,2009,(5).

[2] 应克荣.经典与经典阅读——对网络文化背景下阅读价值的思考[J].出版发行研究,2011,(2):50-51.

[3] 张炜.阅读:忍耐或陶醉[J].走向世界,2011,(4):90.

[4] 陈静.人文素质教育与文学经典意识的重建——论大学构建文学经典阅读的策略[J].广东技术师范学院学报(社会科学),2012,(6):93-96.

二〇一六年十月二十日

# 基于学生主体的五年制高职
# 语文教学模式探析

**摘　要**：高职语文教师要强化与学生课堂的互动效应，重视教学手段在课堂中运用的实际效应，通过创新教学模式以提高教学效果。

**关键词**：五年制高职；语文教学；教学模式；互动效应；学生主体

　　五年制高职语文教学有别于中学语文教学，它有职业教育的需求和特点，是学习者之间、教授者之间、教授者与学习者之间心与心的交流，其中包括肢体语言的交流和有声语言的交流。高职语文教学的成败就是要检验这些交流所产生的互动效应，并潜移默化地培养学生的职业意识。

　　五年制高职语文教师要强化与学生课堂的互动效应，观察某一教学手段在课堂中运用的实际效应，通过创新教学模式来更好地开展教学工作，使教师具备更多灵活应变的能力。这也要求教师强化对教学的感悟，认识自己的教学态度、教学方法和教学效应，对自己的教学进行研究，从而进入更深层次的境界。还要培养教师积极的态度，激发其探究的动机，并不断创新教学模式。目前五年制高职语文课堂教学模式采用的主要还是枯燥式灌输知识的方法，忽视人才培养目标。高职学生不是高中生，教学不是为了应试，而是为了解决问题，应该训练学生解决问题的能力，训练学生搜集信息、处理信息、整合信息的能力，为学生今后走上职业岗位做好铺垫。

　　五年制高职语文教师要从现有的教学模式中解放出来，要认识到语文的创新性教学模式与传统教学模式有着本质的区别。语文的创新性教学模式就是要对传统的语文教学模式，即一支粉笔、一间教室、一本教材要有所突破、有所创新、有所提高，通过实行语文多媒体的教学，改变现有的课堂教学形式，拓展语文中科学知识的天地和职业能力的培养，让学生的创造意识增强、创造思维活跃、智慧火花闪耀。

　　根据自己多年五年制高职语文教学实践的经验，从两个方面来探讨语文创新性教学模式。

## 一、五年制高职语文运用现代化的教学手段的体验式教学模式

现代信息技术的发展,给语文教学的现代化开辟了广阔的前景。进行现代化的语文多媒体教学,它可以从根本上改变整个语文传统教学的面貌,使静态的语言文字的作品辅以动态的具体形象的画面,开拓学生的视野,活跃学生的思维,使教与学新鲜、活泼、生动和丰富起来[1]。根据教学需要,利用不同的教学设备,教师制作个性化的形式多样的课件,呈现五年制高职语文教学的丰富性和多样性。具体可以分为以下几种情况:

(一)朗读和音乐

社会的发展加强了语文学科与其他学科的联系,创新语文教学模式就是要达到知识融会贯通的境界。语文教学中利用多媒体的配乐朗读,主要起到示范朗读的作用,如江苏省五年制高职语文第一册第一单元"飞扬的诗情"中的课文有《沁园春·长沙》《再别康桥》《面朝大海,春暖花开》《假如生活欺骗了你》《致橡树》《相信未来》六篇,这些诗歌全部有丰富的感情、鲜明的节奏和凝练的语言,通过网络多媒体名家演绎的朗读,让学生在读中悟、读中学、读中思,体会诗歌的意境,与作者进行内心交流,感受诗歌独特的激情与梦想,在此基础上再进行讨论,促进学生对诗歌深层含义的理解,让学生受到美的熏陶和感染,也领会到诗人精湛的诗歌语言艺术。

(二)影视画面

影视声图并茂,视听兼顾,具有极强的艺术感染力。现代影视的高科技制作使学生不再以书本作为接受知识的唯一渠道。在语文教学中,以课文为基础,再配以一幅幅优美的电影画面展现出来,学生会为之神往,久久回味[2]。影视创作的各种手法和影视表现的独特语言,如蒙太奇、长镜头、特技制作等,都是语文教师可以运用的教学手段。例如,剧作家夏衍的报告文学作品《包身工》的开头就是一组固定长镜头、景深长镜头、运动长镜头的完整组合,作者运用电影手法,把包身工的生活场景展现在学生面前。为此,语文教学中贯穿影视知识很有必要。学生现在很喜欢微电影,如高职语文第六册第五单元"沉默国民的灵魂"介绍了鲁迅的伟大作品《阿Q正传》,教师除了布置课外阅读外,在课堂上以文字与影像对照进行教学,将《阿Q正传》原文与电影欣赏相结合。文字与影像有各自独占优势的冲击力。影像令人印象深刻的是画面及动作的视觉冲击,从而可以形象地感受到影片背后表达的思想内涵;而文字更多的是言有

尽而意无穷的辽阔想象空间,可以让读者自己去把握阅读节奏,去编导阅读感受。著名演员严顺开主演的阿Q注重表现人物的内心世界,所以学生在阅读原文的基础上,在课堂上欣赏电影会加深理解。观看了电影,让学生思考:阿Q是你吗?阿Q是我吗?阿Q不幸吗?阿Q不争吗?通过思考,感受文字和影片的力量。

(三)网络教学

互联网的资源丰富多彩,教师可以充分利用网络资源进行教学,高职语文教师要了解和熟悉各种语文教学资料的收集和整理,教会学生随机检索语文资料,以一种崭新的手段进行施教。多媒体这种新颖的形式会激发学生学习语文的积极性,活跃创造思维,开发创造能力[3]。例如,高职语文第一册第三单元"格物而致知"中的课文《景泰蓝的制作》《伯格曼法则在北极》《现代自然科学中的基础学科》《神通广大的纳米材料》四篇都是说明文,如果按照常规授课不免有些枯燥,而采用网络教学就要生动有趣得多。教师在讲授每一篇课文前分小组提出问题,布置作业让学生查找资料。网络教学手段的运用,实际上打破了以往教师局限于把现成的客观世界规律性的结论简单地塞给学生的方式,代之以启发式引导学生去思考、追求和探索,培养学生的创造能力。课堂上交流收集的有关学习材料,最后教师利用网络将每一篇课文中的重点和难点加以分析,作业也可通过网络提交。结合本单元的语文实践活动"获取整理信息,探究低碳生活",让学生寻找自己生活中的低碳方式,学生不仅学习到语文的知识点,更能通过生活进行自我教育与成长。

科学技术的高速发展使现代人目不暇接,网络教学给高职语文教育提供了广阔的空间。利用网络进行语文教学,不受时间、空间的限制,教师与学生可以通过QQ、电子邮件等多种方式实现,学生通过上网可以查找资料,激发其创造性思维,同时网络也可以实现教育资源的共享。

## 二、五年制高职语文运用多样性教学形式的参与式教学模式

五年制高职语文教学模式必须变被动为主动、变静态为动态、变封闭为开放,讲座、讨论、发言、社会实践活动等都是一种可以采纳的教学形式。

(一)互动讲座式

学习语文不能局限在课本和教室中,需要不断拓展,要充分挖掘教学资源,可以选择学生感兴趣的内容,时间、地点灵活,对不同专业的学生利用课余时间开设讲座。有系统的讲座可以纳入课程体系,作为学生的选修项目,如文化系

列漫谈的内容、文学经典阅读系列讲座,都很受学生们的欢迎。笔者曾经为学生开设过"美学与文学""说不尽、道不完的《红楼梦》主题和人物""《水浒》板块式结构畅谈""《三国演义》以少胜多战例分析"等讲座,在学生中引起强烈的反响,效果较好。这既补充了课堂知识的不足,又开拓了学生的思维。学生从题材广泛的讲座知识中会建立起对某一种学问的兴趣,引导学生主动地、积极地探求,最终获得成功,充分享受获得创造成果后的无比喜悦。特别是通过文学名著中的人物分析,可以让学生学会思考人生,为自己的职业生涯提供一些借鉴。

(二)讨论交流式

可五至六人一组,教师可以作为讨论者参与,了解学生思维情况。高职语文第一册第五单元"精神的追求"是议论文学习单元,在学习鲁迅的《拿来主义》课文时,教师可以采用任务驱动法,向学生提问:如何理解鲁迅对待文化遗产要"运用脑髓,放出眼光,自己来拿"的态度?课文中比喻论证的"大宅子""鱼翅""鸦片""烟枪和烟灯""姨太太"分别比喻什么?进而让学生思考:如何对文化遗产进行区别对待?正确处理好继承文化遗产的问题有怎样积极的作用?实行"拿来主义"对我们提出了哪些要求?根据问题先分小组于课后讨论交流,最后让各小组派代表将综合讨论的情况在课堂上讲解。教师对学生的讲解情况进行点评,再突出课文的重点和难点,既增强了学生的学习兴趣,加深了对课文的理解,也提高了学生的语文实践能力。

(三)自由发言式

自由发言是激发学生学习积极性的手段,教师要善于设计发言的题目,想学生所想,结合学生的所学专业选择热门的话题进行说话训练。每节课可以利用课前五分钟让学生自由说话,高职一年级学生可以进行自由式的一分钟说话,锻炼学生面对众人大胆说话的能力,题目设计要由浅入深,如介绍自我,介绍家庭,介绍自己喜欢的一本书或一部电影、电视,等等,学生兴致很高;高职二年级学生可以进行演讲训练,关键是设计好题目;高职三年级学生进行辩论训练;高职四年级进行评论,让学生就某一社会现象独立发表见解,有利于学生将来走上社会,处理工作中出现的各种问题。

(四)社会实践式

在语文教学中穿插社会实践活动,也是改变语文教学形式的一种很好的方法。教师可以利用课余时间组织学生参加社会活动,如进行社会调查、参观访问等,加大社会活动课内容,增强语文教学的实践性[4]。语文教学的每一单元都有一项语文实践活动,教师备课时进行设计和实地勘察,如"地名文化探源"语文综合实践活动项目,就可以勘察学校周边的地名,挖掘文化内涵,让学生进一步了解当地的历史文化,产生认同感和自豪感。还可以利用学生的专业特点,鼓励学生主动了解专业学科中的语文内容,如结合旅游管理专业的导游词写作,可以就学校周边的一处景点进行介绍,挖掘历史文化资源,让学生进行有特色的导游词写作,为将来的导游工作打下扎实的基础。

随着信息的急剧增多,语文知识的学习要让学生融会历史、地理、社会学、自然科学、政治、人生观等各种知识,触类旁通,举一反三;教师要启发引导学生不拘泥于单一的知识,走创新之路,结合学生的专业能力,让语文更好地为专业知识的学习做好铺垫。

教学是一门灵动的艺术,需要施教者高屋建瓴地思考与设计。五年制高职语文创新性教学应该树立起现代化教育观念,优化教育思想,以学生为主体的高职语文教学就要为学生着想,研究切实可行的教学模式,让学生不但专业知识能力过硬,而且更着重于能力的培养,通过各种实践活动,让学生在语文能力和专业技能两方面都能"互补"并有所促进。

## 参 考 文 献

[1] 杨素永.让学生参与语文教学实践活动和探究学习[J].散文百家,2013,(11):75 - 77.

[2] 许靖.潜心感悟语文教材的魅力[J].语文学刊,2013,(22):42 - 45.

[3] 吴胜尧.让学生成为高职语文课堂的主人——谈任务驱动式教学模式在高职语文课堂的运用[J].语文学刊,2014,(20):53 - 55.

[4] 刘维国.基于学生职业能力培养的高职大学语文教学改革探讨[J].语文学刊,2016,(6):35 - 37.

二〇一六年九月十一日

# 财经应用文写作精品课程建设的实践与思考

**摘　要**：财经应用文写作精品课程的建设需要教师围绕财经类人才培养方案，从设计教学内容入手，选择可行的教学方法，如说写结合法、案例教学法、实景训练法等，分小组布置学习任务，培养学生团队合作精神，激发学生的学习积极性，提高学生的专业工作能力。

**关键词**：财经应用文；精品课程；建设；实践与思考

　　财经应用文写作课程是财经类五年制高职开设的一门专业基础课程，建设该门精品课程主要从课程的内容、课程的设计、课程的管理与实施入手，围绕财经类专业的人才培养方案，制订教学计划，改革教学模式，改进教学方法，以培养和提高学生的实践能力和创新能力为出发点，针对高职学生的认知规律和认知能力，充分发挥学生的学习积极性，细化课程的每一个环节，突出专业工作过程的研究，让学生学以致用。

　　五年制高职财经应用文写作课程在四年级开设，为学生五年级的实习做好实战准备。财经类专业学生的实习岗位主要是各大中小型企业和非营利组织单位财务会计岗位、企业单位内部审计岗位、财务管理及财务分析岗位，财经应用文写作是工作中的基本技能，其教学目标要根据学生专业人才培养目标进行调整。每一种财经应用文文体的教学应该结合企业岗位的任职要求，运用案例教学，分析企业人员的职业活动及文体的写作要求，设计好学生写作练习，使得学生上岗后就能熟练运用学过的财经应用文知识，撰写各种文体的应用文。本文结合财经应用文写作精品课程建设的实践，探讨课程的教学方法和教学模式。

## 一、财经应用文写作课程的教学思路

　　结合江苏省联合职业技术学院五年制高职财经类专业人才培养方案中的培养规格"能力"项目中有"撰写常见财经应用文和一般信函，财经情报资料检索，阅读理解财经制度文件"，设计课程时以职业活动为主线，以能力培养为重点,以工作过程为关键。

（一）以职业活动为主线

财经应用文写作课程要以学生练习为主,围绕学生掌握和运用各种常用文体的基本格式写作,分析岗位的工作内容,设计职业活动的情境,在班级施教时分若干学习小组,进行角色分工,培养学生对职业岗位的感性认识,创设团队合作的学习环境。例如,小型企业的财务部门按照会计、出纳、内部审计等岗位分工,不同的岗位会有不同的应用文写作内容,如会计可能需要按月或者按季度、年度写作财务预算决算报告,内部审计需要写作审计报告,出纳则需要填制各类记账凭证摘要。然后轮流体验角色,让每一位学生在不同岗位上熟悉不同的文体写作。

（二）以能力培养为重点

财经应用文写作要以案例教学法进行教学,教师必须收集写作资料,最好有真实的案例,从而激发学生的学习兴趣。可以发动学生通过网络收集案例,培养学生对财经情报资料的检索能力。也可以适当安排与学校合作的企业带领学生进行调研,培养学生的社会实践能力。调研后布置学生撰写相关内容的调查报告,上传电子文档,体验财经文件的发送和报送等程序,提高学生的办公自动化运用能力。

（三）以工作过程为关键

财经类专业的工作过程是很规范的,所以在进行财经应用文写作课程教学时,也要以财经类职业岗位的要求,熟悉法律,依法办事,坚持准则,诚信为本。分析相关岗位的工作流程,布置模拟工作任务来组织教学,采用任务驱动,进行实例演练。可以分别按照工作过程安排在会计岗位实训室、审计实务实训室、模拟银行、证券投资实训室等组织教学,运用情景模拟的方式,培养学生的财经应用文写作能力。

## 二、"财经应用文写作"课程的内容筛选

（一）按照岗位需要整合教学内容

财经应用文写作课程要紧密结合专业教学,激发学生的学习热情,才能提高课堂的教学效果。如何将应用文的写作与专业的教学联系起来,需要教师筛选教学内容,这也是建设精品课程的首要任务。以会计专业为例,整合会计专业需要的写作任务,将有关的内容整合排序。有些专业课讲授的内容,学生对

文本的格式和规范还不是很清楚,这就需要教师帮助学生梳理一下。会计工作中需要重点掌握的文种有:财务预算决算报告、财务情况说明书、记账凭证摘要、经济活动分析报告、会计档案移交说明等。针对会计专业的特点,教师将这些内容序列化,本着精讲多练的原则,精心组织教学内容。

(二)围绕岗位特点设计学习任务

以真实的企业环境为背景,按照不同岗位的特点来分组布置学习任务。例如,学校财经系有一个校企一体化的实体——苏旅财记账公司,部分学生可到该公司勤工俭学,教师以真实的工作任务为载体,如学习小组负责一个项目的工作,教师根据岗位分解项目和任务,把办事和写作结合起来,这样学生就在真实的企业环境中去完成工作任务,去写作真实的文本,运用教师传授的财经应用文的写作知识和写作技能,体验到如何完成记账公司的具体工作任务,为学生下一步的实习打下扎实的基础。

(三)针对岗位性质安排实训练习

财经应用文写作课程与专业课程一样,除了平时的授课和练习之外,教师要设计专项实训,一学期可以安排两次,教师根据教学内容和重点,编写实训指导教材,让学生完成实训手册。例如,金融实务与管理专业的学生可以安排在模拟银行进行实训。

财经应用文写作精品课程的建设是动态发展的,需要教师改变教学理念,实现资源共享,并不断更新完善。

## 参 考 文 献

[1] 王敏杰.高职应用文写作精品课程建设的实践探索.中国职业技术教育[J].2009,(35):35-36.

[2] 王莹.基于工作过程导向的《应用文写作》精品课程建设.济南职业学院学报[J].2010,(1):95-97.

[3] 李凤霞.高职院校应用文写作精品课程建设研究.山西财经大学学报[J].2013,35(2):92-93.

二〇一五年一月十五日

# 《五人墓碑记》中的"义举"溯源

**摘　要**：张溥的《五人墓碑记》描述了明朝末年的东林党人和苏州人民不畏强暴，与阉党魏忠贤之流英勇抗争的事迹，歌颂了颜佩韦等五人"激昂大义，蹈死不顾"的英雄气概，五人的行为有着深层次的社会原因，从阉党把持朝政，激发百姓的怨恨到奋起抗争，东林党人觉悟，引导百姓反抗阉党，从而达到自省和救赎。

**关键词**：探究《五人墓碑记》；义举；溯源

五人埋骨处，客过每停舟。
姓氏闻高阙，精灵傍虎丘。
宦官应敛迹，缇骑尚含愁。
若不锋端死，空成侠少游。

——（明）林云凤《五人墓》①

明朝末年张溥的《五人墓碑记》写的是明末天启六年（1626）三月苏州市民反抗阉党的一次暴动。明朝末年，宦官魏忠贤专权，阉党当政。他们网罗党羽，排斥异己，杀戮大臣，欺压人民，暴虐无道，形成了"钩党之捕遍于天下"的局面。当时以江南士大夫为首的东林党人，主张开放言路，改良政治。他们多次上疏弹劾魏忠贤，斗争非常激烈。以魏忠贤为首的阉党对东林党人进行残酷迫害，杨涟、左光斗、魏大昌等东林党人相继被杀。天启六年，魏忠贤派爪牙到苏州逮捕东林党人周顺昌时，苏州市民群情激愤，奋起反抗，发生暴动。事后，阉党大范围搜捕暴动市民，市民颜佩韦等五人挺身投案，英勇就义。次年，崇祯皇帝即位，罢黜魏忠贤，魏畏罪自缢，阉党失败，周顺昌得以昭雪。为了纪念死去的五位义士，苏州百姓把他们合葬在城外虎丘山前的山塘河大堤上，称为"五人之

---

① 林云凤，明代长州（江苏苏州）人。诗的意思为：在埋葬五义士的地方，过往的客人都停船凭吊。义士的姓名被朝廷表彰，英灵永在虎丘旁。他们的正义行为使宦官收敛劣迹，缇骑们也心有余悸。若不是为正义而牺牲，五义士也不过空自成为普通的游侠之士。

墓"。张溥于崇祯元年(1628)写下这篇脍炙人口的《五人墓碑记》。

苏州是一座历史悠久的城市,有古街水巷、吴侬软语、锦绣园林和俯拾皆是的两千五百多年的历史遗迹;葬着吴王阖闾巍巍的虎丘塔、夜半钟声的寒山寺、风流不羁的唐伯虎居住的桃花坞……坐落在七里山塘的五人墓更是中学课本中张傅所写的《五人墓碑记》中的遗址。很多人因课文而心向往之:一座黑瓦白墙的祠堂,门口上方有石刻"五人之墓",从门口进去迎面立着三米多高的石碑——"五人之墓",后面一座长方形的大墓十分引人注目,墓前并排竖着五块小牌,铭刻着五位死者的名字:颜佩韦、马杰、沈扬、杨念如和周文元。

据文献记载,崇祯七年,苏州士大夫参加五人墓修建义助者有吴默、文震孟、姚希孟、钱谦益、瞿式耜等人。门后立双柱出头石坊,"义风千古"字额为杨廷枢所书。清代题咏五义士的诗篇不一而足,明末苏州人林云凤《五人墓》就是其中一篇。王士禛的《五人墓》诗亦云:"流连虎丘游,宛转山塘路;墓门映回波,英灵此中聚……"明末清初戏曲家李玉据此写了《清忠谱传奇》。京剧有一出《五人义》,也是取材于此。

"五人者,盖当蓼洲周公之被逮,激于义而死焉者也……"文章开头就阐述了五人"激昂大义,蹈死不顾"的原因是"蓼洲周公之被逮"。作者在文中热情赞扬了五位"生于编伍之间,素不闻诗书之训"的市民为了正义而献身的精神。"蓼洲周公"为何"被逮"?苏州市民为何暴动?五人为何挺身而出?追根溯源,了解当时的背景,分析当时的事件,可以从中获得一些教益。

## 一、积怨与义愤

明朝万历年间,朝廷用政治暴力兼并民田的情况愈演愈烈,江南是全国首富之区,情况更加恶劣。明神宗朱翊钧连年发动对外战争,大肆营建宫殿,为搜括财物,他增加税赋,竭力榨取,掠夺民脂。一时间农商交困,民怨鼎沸。当时江南地主阶级中一部分知识分子为了政治清明,减少社会矛盾,挽救江河日下的局面,常常在一起议论朝政。明神宗万历二十二年(1594)顾宪成革职还乡,于无锡东林书院讲学,议论朝政,得到一部分人的支持,形成改革派的政治集团,世称"东林党"。

天启元年(1621),明熹宗朱由校即位,魏忠贤受命为司礼秉笔太监,执掌要职;后来他又兼掌特务机关东厂,加紧镇压人民和官员中的反对派,实行阉党专政。熹宗初年,东林党人在朝任职的人还较多,他们一再上疏熹宗,反对魏忠贤,反对横征暴敛,反对专制统治,要求任用贤能,关心民生,允许知识分子公开讲学,议论朝政。这些主张是符合广大人民的愿望和要求的,但是阉党把持朝政,东林党人的斗争遭到失败。在朝的东林党主要人物,有的被革职、贬谪,有的被逮捕,酷刑致死。

江南广大百姓深受阉党之害,同情并支持东林党人。因此,当阉党在天启六年以莫须有的罪名,逮捕东林党人周顺昌时,一场百姓反抗阉党的暴动就爆发了。

## 二、挣扎与抗争

周顺昌(1584—1626),字景文,号蓼洲,苏州吴县人(现并入苏州市区)。万历四十一年中进士,任福州推官(掌管州中刑狱的官)。后来进入吏部,任文选司员外郎(掌管官吏任免、考核、升降、调动等事),他掌管人事大权,清廉正直。后来离京回南方时,只有"行李一肩"。他关注民间疾苦,像他这样的人,百姓欢迎,阉党不容,被魏忠贤列入《东林点将录》,即阉党捕人的黑名单。

天启五年(1625),被迫害的"六君子"之一魏大中被捕路过苏州,当时告假闲居的周顺昌激于大义,竟与魏大中"周旋累日"①,还把女儿许配给魏的孙子。在谈话中,周顺昌切齿痛骂阉党。这事被东厂缇骑报告给了魏忠贤,周顺昌被革职。

周顺昌被罢官后,阉党仍不罢手,必欲置之死地而后快。魏忠贤指使东厂特务罗织罪名,借机陷害。天启六年三月周顺昌被逮到北京,在狱中虽被拷打得体无完肤,仍痛骂魏忠贤。同年六月十七日被拷打死于狱中,年四十三岁。到崇祯元年才得到昭雪,谥忠介。

周顺昌被捕时,百姓万余人尾随抗议。"天启六年丙寅,锦衣卫掌堂田尔耕遣官旗张应龙等六十余人分拿公等。甫出门,百姓号冤聚送者已达百人。聚益众,一日四五遣,然远近闻风相继至愈多,皆言:'吏部清忠亮节,何罪!'顷,巡抚毛一鹭等至,百姓执香伏地,号呼之声,如奔雷泻川,轰轰不辨一语。旗尉文之炳等妄自尊大,不察民情,持械击百姓,且厉声问:'东厂严旨逮官,乃容鼠辈置喙!'百姓颜佩韦等闻之,还问曰:'尔言东厂逮官,则此旨出魏监耶?'诸旗虎面豹声:'速剸若舌!旨出东厂,将如何?'佩韦等不胜愤,振臂大呼:'吾辈谓天子诏耳,东厂何得逮官?'首击之炳,百姓从者千计,以伞柄击缇骑。兵备张孝等,甚得民心,再三晓谕,至夜分,百姓始散去。"②一向好打不平的商人子弟颜佩韦,

---

① 选自《明史纪事本末·魏忠贤乱政》。
② 选自明末初清计六奇《明季北略》。

高举着香火,沿途呼喊:"有愿替周吏部说话的,跟我来!"他情愿自己去代周顺昌吃官司。市民马杰也一路敲梆子,号召市民反抗阉党抓人。当阉党爪牙缇骑威胁群众时,马杰破口大骂魏忠贤,杨念如、沈扬也上前仗义陈词,不许东厂缇骑逮捕周顺昌。缇骑恼羞成怒,拔出利剑,扬言要割掉马杰的舌头,聚观的市民鼓噪起来,缇骑更加凶横,首先举剑扑击沈扬、杨念如。这时周顺昌的轿夫周文元也怒不可遏,夺取了缇骑的武器,同缇骑扭打起来,结果额头受伤。聚观的市民一见缇骑动武伤人,就一起鼓噪围攻,吓得缇骑们东逃西窜,有的爬上树顶,有的躲到厕所里,有的逃上屋顶。其中两个缇骑被群众打死。

颜佩韦等五人过去互不相识,而且除周文元外,其他四人同周顺昌也毫无交往,完全是激于义愤才自发参加斗争的。五人被捕后,对自己的作为,理直气壮,毫不隐讳。七月中,苏州城里布满警卫,戒备森严,就在阊门外吊桥上,五位壮士大骂魏忠贤及其亲信毛一鹭,从容就义。临刑时,几万市民含泪同五人诀别。

事后,为了抗议阉党杀害五人,苏州市民曾倡议拒用天启钱币达十个月之久。百姓斗争的威力,惊得气焰嚣张的魏忠贤"逡巡畏义",从此"不敢复有株治"。十一个月后,熹宗死了,魏忠贤失了靠山,畏罪自杀。苏州百姓倡议公葬五位义士,一夜之间,把毛一鹭为向魏忠贤献媚而监造的魏忠贤生祠拆为平地,在它的废基上修建了五义士的墓。

五人被杀后,"有贤士大夫发五十金,买五人之头而函之",其中所说的"贤士大夫"就是吴因之。五人被杀后,吴因之出重金秘密买下了五人的头,装入木匣,埋在城内王洗马巷住宅的花坛里,第二年,五人狱得昭雪,吴因之就将五人头颅移至山塘街,与他们的尸体合葬。为修建墓园,参加义助者有吴因之、文震孟、姚希孟、钱谦益、瞿式耜等54人。现在墓园门厅内,还立有五人之一的杨念如侄女出资镌刻的《五人义助疏碑》,上面列出了54位捐资人的名单,这些人绝大多数是东林党人或亲东林党的人士。

### 三、自省与救赎

明代晚期江南士大夫代表人物顾宪成在常州知府欧阳东凤、无锡知县林宰的资助下,修复东林书院,与高攀龙、钱一本、薛敷教、史孟麟、于孔兼及其弟顾允成等人,讲学其中,"讲习之余,往往讽议朝政,裁量人物",其言论被称为清议。朝士慕其风者,多遥相应和。这种政治性讲学活动,形成了广泛的社会影响。"三吴士绅"、在朝在野的各种政治代表人物、东南城市势力、某些地方实力派等,一时都聚集在以东林书院为中心的东林派周围。天启时,宦官魏忠贤专权,形成明代势力最大的阉党集团,对东林党人实行血腥镇压。天启四年(1624),东林党人杨涟因弹劾魏忠贤二十四大罪被捕,与左光斗、黄尊素、周顺昌等人同被杀害。魏忠贤又派人编《三朝要典》,借红丸案、梃击案、移宫案三案为题,毁东林书院,打击东林党。东林著名人士魏大中、顾大章、高攀龙、周起元、缪昌期等先后被迫害致死。明代东林党人的反阉党斗争也愈加激烈。

东林党面对阉党的迫害没有坐以待毙,而是暗中组织领导了反阉党的斗争。此次苏州市民的暴动,正如文中所说:"吾社之行为士先者,为之声义,敛赀财以送其行,哭声震动天地。"其中"吾社"就是复社的前身应社,"行为士先者",即是领导暴动的应社骨干杨廷枢和文震亨等人,杨廷枢是应社元老,地位仅次于张溥和张采,文震亨和他的哥哥文震孟都是一时俊杰,也是复社的中坚,文氏兄弟的曾祖是明代著名的江南四大才子之一的文徵明。

本文作者张溥(1602—1641),字天如,号西铭,明末太仓(现在江苏省太仓市)人,晚明政治活动家和文学家。张溥自幼勤学,所读书必手抄六七遍,因此他命名自己的书房为"七录斋"。其青年时候正是魏忠贤阉党专政,东林党人受到残酷镇压的时代。他怀着救国救民的强烈愿望,以继承东林为己任,结纳社会上有气节、有操守、有学识的士大夫知识分子,重视发现和推举有操守的学者,组织了爱国社团复社,成为复社的领袖。我们不难看到东林党人在此次事件中表现突出,从头至尾,全程参与。从事件发生到酿成暴动,进行缮后,请命修墓,捐资修墓,到著书立说,到处都能看到东林党人的身影。

被抓捕的和反抗行动的骨干都是东林党人,很显然,这是一次有组织的对抗,东林党是这次事件的幕后推手,其目的就是通过制造市民暴动,吓阻朝廷抓捕东林党人。正如张溥在文中所说:"卒以吾郡之发愤一击,不敢复有株治;大阉亦逡巡畏义,非常之谋难于猝发。"明代末年苏州五义士的行为是一次江南士大夫成功推动的抗议阉党的活动,对他们而言,维护正义,义不容辞;坚守正义,义无反顾;弘扬正义,义薄云天。苏州没有受过诗书熏陶的平民百姓也以他们的质朴、大义凛然站在反抗强暴的前列。颜佩韦、杨念如、马杰、沈扬、周文元这五位出生于编伍的普通市民,激于义愤,勇敢反抗,临危不惧,敢于担当,视死如归,最后英雄就义,他们这种对于正义的义无反顾的坚守有力地打击了阉党的嚣张气焰,也加速了阉党彻底垮台的步伐。而伸张正义的五人的名字被永远地镌刻在墓碑上。他们的行为有着良善心灵的本能冲动,也是出于正直人格的道德维护,是质朴人生的率真举动,是人生经历的善行积累。生活本身也是一部教科书,他们从生活这部书中读懂了正义的内涵和价值。一旦生活中出现了邪恶和正义的冲突,他们就情不自禁地加入了维护正义的行列,因此也可以看出明朝末年的苏州社会风尚是惩恶扬善的,在苏州的这场反阉党的暴动,正是以五人为代表的苏州百姓的道德观中的善良、正直、勇敢、侠义、淳朴等传统美德长期积累的结果。而对于东林党和五义士来说也许是一种人生的自省和救赎。

明末清初戏剧家李玉的《清忠谱》是中国十大古典悲剧之一。剧本就是以周顺昌为主人公,塑造了一位刚毅果敢、大义凛然、忠贞不阿的悲剧英雄形象。而最难能可贵的是塑造了颜佩韦、杨念如、马杰、沈扬、周文元等五位下层市民的英雄形象。从中我们可以体会并欣赏到出现在舞台上的五人的思想性格,认识到五人义举并非一时冲动,而是有其思想基础,与其性格、精神品质紧密相关的。五人义举不是孤立的,看戏剧中苏州市民的反映就是如此。五人就义时,人民"怒气高千丈","乱纷纷万千人,流涕道旁",并赞扬他们"侠肠一片""热血淋漓""义风千古"。这就是义举表现在五人激于义的个体因素和社会因素的完美结合。

## 参 考 文 献

[1] 柳青.中国古代文人的生死观[J].语文教学与研究(教师版),2010,(19):73-74.

[2] 张玉连.求生舍身皆是"义"——文天祥与"五人"的"义"之比较[J].中学语文(下旬),2010,(09):55-56.

[3] 李文华.《五人墓碑记》简析[J].阅读与鉴赏(下旬),2011,(11):4-5.

[4] 曹茂昌.《五人墓碑记》中几组隐藏对比[J].中学语文教学,2013,(7):34-35.

[5] 张正耀.不应成为问题的问题——《五人墓碑记》写作背景辩正[J].语文学习,2014,(5):34-36.

二〇一四年六月十七日

# 微博：高职语文施教的新平台

**摘　要**：微博是一个基于用户关系的信息分享、传播以及获取的平台，微博可以用手机发布，这种"公开的短信"成了人们情感流露、思想发布的窗口，也成了高职学生最广泛的社交网络平台。基于微博的高职语文教学要充分利用这一平台，充分调动学生学习语文的积极性，利用微博、微信架起语文学习和学生生活的桥梁，渗透情感教育，提高语文能力，掌握信息筛选方法。同时，仍需要认识到微博、微信的一些不利因素，并加以克服。

**关键词**：微时代；高职语文；应用教学；研究

　　一幅普通的语文课本插图被网友涂鸦成"杜甫很忙"系列，让诗圣杜甫瞬间成了"微博红人"。这一组涂鸦把"诗圣"杜甫的形象全部颠覆，画面中的杜甫或手拿滑板或挥刀切瓜或手扛机枪或身骑白马或脚踏摩托或变身麦当劳员工等，这些形象不一的图画快速地在微博之间流传，也让网友乐翻了天。很多人觉得拿杜甫画像来涂鸦，是对杜甫的一种亵渎，也是对传统文化的不尊重；也有人觉得学生学习杜甫的作品，把他的形象进行再创造，给人一种贴近学生生活的感觉，丝毫不影响杜甫的历史地位和他的诗作的光辉。我们且不去讨论是否因为学生上课无聊而画，还是学习杜甫的诗与现实结合产生了灵感，从中可以看出微博在学生中影响很大。高职校语文教师可以通过微博来开展语文教学实践，特别是在微博模式下对课堂教学创新、师生互动关系、课外阅读训练等方面去进行教学实践。

　　创新改变时代，微博改变生活。微博，即微博客(MicroBlog)的简称，它是一个基于用户关系的信息分享、传播以及获取的平台，用户可以通过WEB、WAP以及各种客户端组建个人社区，以140字左右的文字更新信息，并实现即时分享。根据公开数据统计，截至2010年1月份，该产品在全球已经拥有7500万注册用户。2011年12月底，我国微博用户已经达到2.5亿，手机的WAP、3G业务日益发达，微博可以用手机发布，这种"公开的短信"就理所当然地成了人们情感流露、思想发布的窗口[1]。微博不但可以方便地发布信息，而且是完全开放的，可以被天南海北的人看到。在微博群体中青年学生占了绝大多数，笔者在任教的高职学生中调查发现，90%以上的学生已经注册开通微博，微博已经成为高职学生最广泛的社交网络平台，更是他们获取信息的主要途径之一。微博时代高职语文教学要充分利用这一平台，调动学生学习语文的积极性，让语文学习融入学生的微博生活[2]。利用微博架起语文学习和学生生活的桥梁，可以更好地激发学生学习语文的兴趣，使语文学习融入生活的点滴细节之中。

## 一、微博应用于高职语文教学的意义

### （一）了解学生思想动态，加强情感教育

语文课程是高职学生必修的主要文化基础课程，以提高学生的语文应用能力和人文素养为宗旨，它是形成学生综合职业能力、创业创新能力的基础。高职语文教学要求坚持文道并重，全面提高学生的人文素养，综合发挥语文课程的教育功能。微博平台给了高职学生一个自由开放的舞台，可以自由地表达个人的思想感情。绝大多数高职学生每天都使用互联网，尤其是使用手机终端上网。随着全民"微时代"的来临，学生无疑成为微博用户中最活跃的群体，他们人手一机，通过微博即时、快捷、随时随地与朋友交流真实的思想。教师利用微博可以及时了解学生的思想动态。因为在微博上可以呈现学生思想，彰显真实自我。微博篇幅短小，内容不能刻意修饰，发出后只能删除、不能修改。因此想说就说、率真、直白的表达方式就成为微博的主流风格，真实是语文学习的生命，所以微博的真实与语文表达的真实是吻合的。

语文学习本身也是一种情感教育，高职语文学习需要教师及时关注学生的思想动态和情感需求，有针对性地分析学生的情绪、情感状态来进行教育，教师可以在自己的微博多发布语文学习的情感体验，以引起学生的共鸣，从而起到潜移默化的教育作用[3]。教师要建立自己的微博，并加关注任教的学生，经常登录微博，关注学生的思想动态，当学生跑题时及时引导学生聚焦主题；当学生无法深入时抛砖引玉，层层引导；当学生失去兴趣时，加强激励。高职语文教师要坚持基本要求与多样选择相结合，构建开放而有活力的语文课堂教学。利用微博渗透人文教育，注重发挥语文课文中的美育综合功能，培养学生积极的人生态度，培养学生健康的审美情趣，塑造学生健全的人格品质。教师可更深入地了解学生，关注学生的关注点，倾听学生的心声，直面学生的心灵世界。如笔者在讲授《论语八则》时，利用微博让学生发表见解，最后教师在课堂进行归纳总结，学生人人参与，积极性很高。

## （二）培养学生应用能力，加强语文训练

"微时代"的趋势给语文教学带来了新的契机。当传统教学与个性鲜明、处在信息化时代的学生发生矛盾时，高职语文教师应该寻找解决问题的突破口，顺应"微时代"的形势，恰如其分地把这一新媒体运用到教学中，开展教与学的互动[4]。所谓教学相长，就是教师在教育过程中应该不断地更新观念，接受新事物。如果教师的思想观念落后于学生，更新速度跟不上时代发展，那么教学必然受困，教育就会脱离实际。高职语文教师要敏锐地利用微博，进行创新性教学，抓住学生的兴趣点，加强与学生的沟通联系，在微博上讨论与学科或者专业相关的话题，交流学习心得。

语文来自对生活的点滴感悟，高职语文教学不仅在课堂上，更存于生活中的点滴细节。学生看微博、发微博、评论微博的过程无一不是语文学习、语文应用的过程。在实际使用中，学生通过查看微博，一方面接受大量新的咨询、解读新名词；另一方面根据自己的所见、所闻、所思、所想，随时更新微博内容，消息被转发甚至能在一定范围内引发大家的话题讨论，有意无意地改变和提高着自己的思维能力和语文知识架构。教师多布置一些学生感兴趣的作业，如学生通过微博发表对日常生活的感悟，表达自己对课文内容等真实的想法。学生在生活中也会利用手机将体会到的新鲜事物或者脑海中出现的灵感随时表达出来。应用微博搭建语文课外学习和课内学习的桥梁，连通语文和生活。在微博模式下，教师的主导作用不能丧失，要平衡好教师控制和学生自主的关系。教师可以将授课班级分成若干学习小组，成立微博小组，相互探讨，培养学生的辩证思维。如讲授议论文时，要让学生学会有破有立，在微博中展开辩论，"理越辩越明"，让学生积极思考。同时，引导学生多利用网络搜索引擎，拓展知识，培养对知识的应用能力，学会用有说服力的论据来辩理，为职业能力的提高打下扎实的基础。如笔者在讲授贾谊的《过秦论》和苏洵的《六国论》时，就布置学生对两篇课文的作者、写作意图、论点、史实加以比较，学生都制作了精美的PPT，在微博上发布链接，教师在课堂上对优秀的作业加以评点，加深了学生对课文的理解。

## 二、微博模式下高职语文教学的实施

微博作为个人信息发布、传播的平台，既是各种观点的集散地，也是各类语言的后花园。学生是微博使用群中的主力军，尤其以高职生更甚。他们有时间、有精力，把更多的关注投给了微博。语文承载着记录事实、沟通交流、抒发

情感、评论时事、批判道德的功能,而学生利用微博关注热点新闻、了解新知、发表评论、联系朋友的这些行为几乎都是语文行为,所以教师必须参与到学生的微博生活中,有效地开辟学生语文学习的新途径。

（一）微博模式下的知识学习和交流

学生积极地运用微博来与朋友交流,教师要鼓励他们运用微博进行知识的学习,给学生创造一种快乐学习的体验,带学生进入快乐的语文课堂[5]。一方面,布置学习任务书时让他们在微博互动中了解课文的有关知识,拓展学生的知识面,让学生在微博上发表自己的观点,提高课堂学习的效率。另一方面,鼓励学生通过微博跟大家分享优秀的课外知识资源,激发学生拓展知识的积极性。

（二）微博模式下的阅读训练和写作

微博也是阅读和写作训练的新平台,微博不仅为师生、生生之间提供了一个高效、便捷的交流平台,同时,也是让高职学生进行阅读和写作训练的平台。教师可利用微博平台布置"微作文","微作文"具有原创性,140字以内可以直接发微博,如果稍长的作业可以通过 QQ 和 MSN 直接书写,在微博上发布链接。在没有网络的地方,只要有手机也可即时更新自己的内容,然后进行评价。把微博引入高职语文教学,能真正激发学生的学习动力,提高学生学习的兴趣,创造轻松自由的阅读和写作气氛,给学生带来快乐的学习体验,将师生引入快乐的语文世界,能够极大地提高高职语文的教学效率。还可以开展一些活动,如学生微博评论征文活动,把学生的优秀博文、优秀评论汇编成集。

（三）微博模式下的信息筛选和利用

巧用微博平台拓展语文知识视野。微博作为一种学习工具,对于拓宽知识面以及了解信息的作用非常大,其优势在于信息更新快、信息量大,随手记录所学所思,利于日后整理归纳,便于与更多有相同学习需要和兴趣的人交流讨论,有助于深化对问题的认识,还便于获得专业资讯和其他学科领域的信息。

高职学生特别渴望了解专业信息,因为他们要为就业做好准备,他们需要更多地接触社会。因此,应用微博实现课堂与社会的信息交换,并对大量的信息进行筛选,有效地整合现实空间和虚拟空间,实现社会交互从课上延伸到课下,在语文教师的引导下,提升学生接触社会的能力,从而能对社会现象和社会问题做出正确的评价。

### 三、微博对高职语文学习的不利因素

借助微博来促进语文学习,可把新的信息技术与语文学习有机结合起来,但微博也不能解决目前高职语文学习中存在的一切问题。高职学生语文基础相对较差,学习习惯不是特别好,不愿意静下心来阅读和写作,经常会出现作业拖拉情况。教师和学生进行微博互动虽然能激发他们的兴趣,但是语文素养的培养和提高还是需要大量的阅读积累。使用微博可能造成学生注意力更加不能长时间集中,学生不停地刷微博,导致学习效率低下,达不到有效地提高语文学习效果的作用。

微博是"公开的短信",由于其文字脱离了环境,所以很容易遭到误解,产生相反的效果。一旦学生沉迷于这个不真实的世界,就会严重脱离现实,把假象当成真实。微博并不等同于真实世界,并不能替代人们之间的真实关系。有时候,沉迷虚拟世界会让人变得性格脆弱。此外,信息也可能给人带来假象,比如,很多人把负面信息搜集在一起,让人们以为这世界没有一点希望,其实那些信息只不过是亿万信息的沧海一粟而已。微博虽然可以发布自己的思想,但也避免不了负面信息的迅速蔓延和被少数别有用心的人利用。高职学生的分辨能力较低,可能会把现象当作本质来看待,这也是微博的不利因素,教师应正确引导,尽量避免不利因素的影响。

在利用微博、微信的优点进行高职语文学习的同时,也要认识到一些不利因素,避免日后出现问题,语文教师要把握适度,及早与学生沟通,处理好微博与语文学习的关系,这样才能扬长避短,事半功倍。

### 参 考 文 献

[1] 李开复.微博改变一切[M].上海:上海财经大学出版社,2011.

[2] 张建国.微博——中学语文学习的新平台[J].语文教学通讯·D刊(学术刊)2011,650(10):79-80.

[3] 任海德.微博在中学语文教学中的应用[J].科学时代,2012,(3):282-283.

[4] 吴文彬.微博在高职语文教育中的应用初探[J].北方文学,2012,(5):180-181.

[5] 赵慧臣.基于微博的中小学道德教育的模式建构与实践[J].中国电化教育,2012,(6):86-91.

二〇一四年七月二日

# 高职语文传统文化
# 人文教学资源拓展实践研究

**摘　要**：人文教学资源作为一种重要的课程资源，对高职语文教学有重要的意义。在高职语文教学和校园文化活动中渗透传统文化人文精神，发挥人文教学资源对高职语文教育的推动作用，对培养职业教育的合格人才会起到积极的作用。本文对高职语文传统文化人文教学资源的拓展从实践层面进行了探讨。

**关键词**：高职语文；传统文化；人文教学；资源拓展

传统文化是一个民族特定的思想、精神和信仰的载体，是千百年来无数先贤对社会与人生思想和实践的总结，汇集了民族独特的生存与发展经验和独特的价值理念及认知方式，是国家和民族的根之所系。中华传统文化人文教学资源是一种重要的教学资源，如何在语文教学中进行拓展，发挥提升学生人文素养的积极作用，把人文资源运用在高职语文教学和校园活动中是非常有必要的。

高职语文教学要按照人才培养的要求，选取传统文化中的"四名"即古典名著、历史名贤、人文名胜、文化名品来进行拓展，用优秀的传统文化里包含的丰富的人文内涵和做人的道理，增强学生对中华民族传统文化的认同感，培养学生做品格高尚、身心健康的人，促进学生的个性发展。拓宽学生文化视野，提高学生文化品位，培养学生的人文精神，引导学生认识中华文化的丰厚博大，吸收优秀传统文化的智慧和精神营养，陶冶情操、发展潜能，树立高职学生良好的社会形象，构建良好的人际关系，培养团队合作精神，使学生成为既传承传统文化，又具有创新能力的现代化职业人才。

## 一、进行拓展实践研究的意义

《国家中长期教育改革和发展纲要（2010—2020 年）》提出：学校要"加强中华民族优秀文化传统教育"，培养学生"着力提高服务国家人民的社会责任感，勇于探索的创新精神和善于解决问题的实践能力"[1]。职业教育不仅要以能力为本位,更要崇尚以人为本位,崇德强技是职业教育的根本。以人为本的高等职业教育的价值取向是知识、能力、态度取向的统一,就是能力为前提,知识为基础,态度为根本。开展传统文化教育有助于培养学生的职业意识和职业态度,有助于学生良好人际关系的形成与和谐社会的构建。提高学生人文素养,可以铸造学生优秀品格。构建开放性的课程,把人文资源引入语文教学,拓展课程的时空,可以开阔学生的视野,穿越时空的隧道[2]。

开拓传统文化人文教学资源可以促进高职语文课程的改革,促进教师自身修养的提高和学生学习态度的转变,提升学生的人文素养。语文课程中已经包含了丰富的传统文化人文教学资源,有待于进一步深化。

《江苏省五年制高等职业教育语文课程标准》(以下简称《课程标准》)总目标就提出:"认识中华文化的博大精深、源远流长,对民族优秀文化自觉学习、认真鉴赏、积极践行,在语文学习中培养爱国情感。"同时在课程设计思路中明确:五年制高职语文课程分为必修课程和选修课程,建议开设四个学期,总课时不少于250课时。必修课程安排160课时左右。其中,"阅读鉴赏基础模块"64课时左右,"表达交流基础模块"96课时左右。各模块的教学次序可根据需要灵活安排。选修课程安排90课时左右。

《课程标准》在第四部分"课程资源的利用与开发"中又明确,"学校应结合当地文化环境和文化传统,积极利用和开发本地区蕴藏的自然、社会、人文等方面的语文课程资源,扩展语文课程资源的范围,满足语文课程多样化和选择性的需要"。《课程标准》中还就"语文实践活动"进行了阐述,认为"语文实践活动是五年制高职语文教学的重要环节,它主要是基于语文综合性的特点和人的全面发展的需要,旨在实现语文学习对学生素质的整体优化、全面提高"。设计语文实践活动,把语文学习拓展到语文课堂之外,融合到学生的校园文化活动中,进一步提高学生对语文学习的兴趣[3]。

## 二、具体拓展实施的内容

从中国传统文化当中去拓展文学古典名著阅读,选取杰出人物的事迹,走访历史文化名胜古迹等进行鉴赏和学习,陶冶学生的情操,培养健康的人格,以此传承和弘扬中华民族精神。中国传统文化历来不是一个封闭的系统,在中国古代对外交往受到限制的条件下,还是以开放的姿态实现了对外来佛学的兼容。中国传统文化突出儒家经世致用的学风,它以究天人之际为出发点,达到修身、治国、平天下,力求在现实社会中实现其价值,促进自然、社会的人文之化。这些传统文化资源都具有历史性、文化性、传承性[4]。

（一）古典名著资源的拓展

通过开设"名作欣赏"的选修课系列，与高职语文课堂中的经典阅读相补充，再开展一系列"经典诵读"等认识传统文化的活动，培养学生浓厚的学习兴趣和良好的阅读习惯，营造良好的读书氛围，为学生创设文化传承的平台，提高学生阅读和写作水平。培养学生具有一定的研读文化著作的能力，让学生能初步理解、鉴赏文学作品，受到高尚情操与趣味的熏陶，发展个性，丰富内心的精神世界，具有一定的语言和文化经典名篇的积累以及文化底蕴。

（二）历史名贤资源的拓展

以苏州园林沧浪亭中的"五百名贤祠"中的人物为素材，编写校本教材《苏州历史名贤》等，以此为内容开设选修课，让学生认识历史文化名人，激励学生的爱国主义情感，学生会对这些历史文化名人产生崇敬之情和浓厚的好奇心。

（三）人文名胜资源的拓展

通过开展一系列考察苏州人文名胜的活动，扩大学生的视野，引导学生探寻民族文化之源，激发学生对祖国灿烂文化的热爱，切实增强学生的人文素养。苏州本身是一座历史文化名城，有丰富的人文名胜资源，可以激发学生对家乡的热爱之情。

（四）文化名品资源的拓展

以非物质文化遗产为内容，开展传统文化人文教育，如苏州的昆曲、评弹等都是很具有代表性的内容，让学生了解这些文化遗产，使之成为中华优秀文化的继承者和传播者。

总之，拓展传统文化人文教学资源并运用到教学实践中去，有利于教师转变教学方式，有利于促进学生培养新型学习方式，有利于学生提高历史思维能力以及思想品德修养。在传承传统文化过程中学生逐步具有丰厚的文化积淀，对中华文化产生浓厚的感情，弥补人文精神的缺失，从而弥补高职语文教学的缺陷，进一步促进和完善语文教学改革。

## 三、拓展实践取得的初步成效

（一）挖掘五年制高职语文教材中的传统文化人文素材并进行深化

研究五年制高职语文课程标准和教材，如五年制高职语文第四册古文单元，教师讲授后，让学生对《过秦论》和《六国论》进行分析对比，可分几个学习小组,分别查找资料,制作PPT,对作者、写作背景、写作意图和中心论点重点进行比较和分析,每个学习小组派代表进行交流,教师进行点评。学生兴致很高,还进行了《诗经·氓》和《孔雀东南飞》女主人公命运的对比等,学生的作业完成情况一次比一次进步,并学会了从网上去查找与课文学习有关的资料。

(二) 依托苏州古城的历史文化资源,挖掘相关的历史文化教学资源

组织学生活动小组,对文化遗迹、人文景观等历史文化资源进行考察,窥一斑而见全豹,组织学生寻访历史文化名人,指导学生观察,并让学生撰写考察日记,提高了学生对苏州历史文化名城的认识。针对学校周边的一些景区,如石湖的范成大、姜夔、顾野王等遗迹进行考察。还组织学生参观苏州吴文化园,感受吴文化风韵。

(三) 对非物质文化遗产中的人文资源进行开发

让学生逐步了解非物质文化遗产的内容,如组织学生观看昆剧《牡丹亭》等曲目,让学生了解昆曲的历史,这对学生了解有关人类非物质文化遗产具有非常重要的意义。学校有"苏帮菜"非物质文化遗产保护基地的牌子,学生也可以到学校文化旅游实训大楼了解这些知识。还可邀请一些文化名人进校传授传统文化知识,如邀请了评弹名家袁小良先生来校做"中国最美的声音——评弹艺术赏析"讲座,赢得了师生阵阵掌声,激发了学生对评弹艺术的热爱。邀请昆曲梅花奖得主王芳来校进行了"高雅艺术进校园——昆曲文化入校"讲座,边讲边演,生动形象,让学生初步了解了高雅的昆曲艺术。邀请园林名家做了"世界文化遗产与苏州园林"的讲座,促进学生对苏州园林文化的进一步了解。

(四) 开发传统文化校本教材

目前,已经编写了《苏州历史名贤》三本,每一本介绍十位苏州沧浪亭的"五百名贤祠"中的人物。另外,还编撰了《游学苏州,体验文化》丛书(《走进园林》《工艺世界》《书画浅谈》《茶艺漫谈》《盆景天地》《美食之旅》《民俗拾零》《建筑例谈》《戏曲杂谈》《道韵清悠》),采用中英文对照、图文并茂的形式,作为学校高职语文选修课的教材。

(五) 策划设计传统文化公选课

选修课开设了"《红楼梦》解读"公选课、"吴文化漫谈"公选课、"中国戏曲欣赏"公选课、"苏州历史名贤"公选课,后两门为网络课程,深受学生的欢迎。

(六) 整合语文学科与校园文化

校园文化活动是非常规的课堂教学,学生最爱开展各项活动,从小组活动、

班级活动,到全校活动,分层次开展,让传统文化深入人心。摸索出学生乐于参与的语文实践活动,并汇编成案例。开展了十多次有关传统文化的学生实践活动,案例从设计思路、活动目标、活动过程,均有详细的方案,可供以后教学活动借鉴。对每一次活动学校都进行了报道,在网络上可查找相关资料和图片。有些活动走出校园,如组织部分学生走进苏州石湖景区,考察地域文化,认识上方山的宗教文化、民俗文化等。组织学生参加"姑苏校园文化节",学生获得了征文比赛一、二、三等奖若干以及书画大赛一等奖。组织生动的主题班会"感受传统文化,了解历史名贤"。学生排练情景剧,制作PPT,编排舞蹈,进行书画表演等,全程录像,延伸了语文课堂教学。组织全校的"吴风雅韵"校园艺术表演活动,有石湖诗文配乐朗诵、评弹表演、昆剧表演、歌舞表演,都是以吴文化为题材,让学生感受到传统文化的艺术魅力。参加了第五届苏州市阅读节活动,申报了"我所喜爱的苏州历史文化名人"征文大赛,获得了优秀组织奖,学生获得了征文大赛的一、二、三等奖若干[6]。

(七)积极参加学术研讨活动,提升教师的人文素养

为拓展传统文化人文教学资源的实践活动,教师积极致力于提升自身的文化素养。参加苏州市"桃花坞历史文化街区改造和悲情才子唐寅"的学术研讨活动,参加了"苏州城市与城市精神"的主题研讨活动,参加了纪念顾炎武诞辰四百周年学术交流活动。组织部分教师考察了苏州木渎春秋古城遗址,了解苏州悠久的历史文化。考察了昆山千灯镇歇马桥古村,参观了韩世忠纪念馆,同时也参观了顾炎武故居。走访了苏州江南茶文化博物馆,了解苏州碧螺春茶的传统工艺制作过程。参观了苏州市档案馆,见识了从明代正统年间形成的苏州传统档案。

对传统文化人文教学资源的拓展实践研究,不是追求一种时尚,而是在教育者心中根植一种理念;不是追求一种形式,而是在教学活动中实施一种策略;不是一种功利行为,而是一种为学生终身发展的投资。学生从看到的和学到的越来越多的知识中提升了语文素养和人文素养,吸取了做人的精神力量,培养了气质,对学生的职业素养的培养也有很重要的作用。

社会越发展,文化的地位和作用就越重要。让传统文化历久弥新,这是现代化的本质要求。文化传承不兴,繁荣发展不过纸上谈兵。因此,学校进行传统文化人文教育非常必要,只有持之以恒、坚持不懈,只有付出努力,才会有收获。提高学生的文化品位、审美情趣与文化底蕴是学校教育的重要内容。我们将继续努力,让学生在学习中将中华民族文化的精华一代一代地传承下去。

## 参 考 文 献

[1] 张其成.中国传统文化概论[M].北京:人民卫生出版社,2010.

[2] 苏州大学非物质遗产研究中心.东吴文化遗产[M].上海:上海三联出版社,2008.

[3] 苏州传统文化研究会.传统文化研究[M].北京:群言出版社,2012.

[4] 乾和.作为文化和具体知识的技术[J].湖北函授大学学报,2006,(6):24-27.

[5] 志强.高职文化建设与传统文化关系的考量[J].华北电力大学学报(社会科学版)2010,(2):132-134.

[6] 秦平.职业院校社团文化建设原则探析[J].职教通讯,2012,(14):4-6.

二〇一三年六月五日

# 文以载道,文道合一

## ——浅谈高职语文教学的德育渗透

**摘　要**：高职学生的道德素养的提高必须通过各个学科教学去渗透。高职语文教师在实施素质教育的过程中,必须把德育教育融入语文教学之中,加强学生的综合素质教育,激发学生积极的求知欲望,调动其学习积极性,促使学生身心健康发展,从而使高职语文教学取得事半功倍的效果。

**关键词**：高职语文教学；德育；渗透

学校教育德育为先。学校教育的特点决定了教师的任务不仅要"解惑",更重要的是"传道"。五年一贯制高职校招收的是初中毕业生,高职阶段是学生的重要成长阶段,学校肩负着培养社会需要的应用型、技术型人才的重任,学生除了具有过硬的专业技能之外,还需具有健康的人格和良好的品行。高职学生往往自我约束和管理能力较差,学习缺乏主动性,兴趣容易迁移,比较喜欢网络游戏。高职校除了培养学生的专业技能外,更要注重培养学生学会做人,如何做事。学生的道德素养的提高必须通过各个学科教学去渗透。高职语文教师在实施素质教育的过程中,必须把德育教育融入语文教学之中,加强学生的综合人文素质教育,激发学生积极的求知欲望,调动其学习积极性,促使学生身心健康发展,从而使语文教学取得事半功倍的效果。在多年的语文教学实践中,越来越认识到语文教学与德育教育关系密切,古代的"文以载道,文道合一"与今天高职语文学科中的德育教育是密不可分的。

## 一、德育是高职语文教学的重要组成部分

随着社会的发展,人民的物质文化生活水平的提高,社会对人的道德素质、情商指数、专业素养的要求越来越高。特别是团队合作精神、吃苦耐劳精神、理解宽容的态度、乐观开朗的情绪、直面挫折的勇气都是各行业对人才招聘的基本要求。五年制高职是初中后五年一贯制的高职教育,跨越一个人从未成年至成年的阶段。在新的形势下,语文教学在高职教育中的地位非常突出,对提高

学生的科学文化素质和思想品质具有十分重要的意义,将德育教育贯穿于语文教学之中,做到教书育人,是语文教师的神圣天职。语文教学中的一篇篇课文表现了作者对生活的感悟,对精神的追求,对文化的思考,都具有德育教育的功能。特别是经典文学作品所塑造的文学形象会陶冶学生的性情,净化学生的心灵,激发学生的斗志,从而培养学生良好的品格。语文教学通常采用阅读欣赏、情景创设、角色体验、课外实践等形式去感受优秀的文化氛围和积极的人生态度,因此语文教学离不开德育教育,两者是不可分割的。

## 二、语文课堂教育是渗透德育教育的主要渠道

语文课本内容丰富、形式多样,是最好的德育美育教材。语文教学对引导学生形成高尚的道德情操相当关键。语文教师在教学中,在向学生传授文化知识的同时,时刻不能忘记对他们进行思想品德的教育,要在他们的心灵里播下适应社会健康发展的种子。每一篇课文都具有很好的人文教育功能,语文教师要善于在课堂上引导学生追求真善美,激励学生提高自身的精神素养,树立远大的理想。在教学议论文《谈骨气》一课时,引导学生列举古今典型事例,学习闻一多、文天祥等人保持中华民族气节的精神,在与人交往中做到不卑不亢。在教学鲁迅的《呐喊自序》这篇课文中,组织学生学习鲁迅的成长和思想的发展,认识鲁迅对国家所承担的责任,让学生感受到鲁迅的人格魅力。在学习《俭以养德》一文时,针对不少学生因生活条件富裕而奢侈浪费的不良现象,讲解节俭的意义,教育他们崇尚勤俭,树立艰苦奋斗的作风。此外,通过讲解《望天门山》《十一月四日风雨大作》等诗歌,激发学生的爱国热情,立志学好知识,练好技能,报效祖国。教师通过课堂教学这一主渠道,既吸引学生的注意力,开拓学生的视野,增加知识的深度,又对学生进行思想品质、道德情感教育,达到既教书又育人的目的。

## 三、语文课外实践活动是德育教育的重要内容

众所周知,学生的语文水平只凭每周的几节课是远远不能适应要求的,必须开展广泛的课外活动,发展学生个性、特长,调动学生的学习兴趣。五年制高职校学生的文化基础较差,所以文化趣味比较平庸和世俗,学生喜欢网络游戏、武侠小说和动漫故事,阅读层次较低。长此以往,学生会出现人文精神的缺失,导致心灵空虚焦虑。利用语文课文中的经典片段,引导学生提升课外阅读的层次非常重要。例如,学习《林黛玉进贾府》一文,通过几个主要人物精彩出场的

分析和课外影视的观看,布置学生阅读《红楼梦》的有关章节,进行自主讲解,结合苏州与《红楼梦》的关系,让学生寻找《红楼梦》中描写的苏州的踪迹,学生的课外活动丰富多彩了。再如,学习《荷花淀》等课文时,组织学生观看故事片,让学生谈感受,激发他们的学习热情。利用早读课开展"文化早餐"活动,让学生进行即兴说话,形式多样,并要求学生注意说话的对象、场合、礼貌用语等,让学生自编自练打招呼、问路、借用归还物品、探望病人等小节目,通过活动,既让学生掌握所学知识,又把德育教育贯穿到整个活动中,学生在丰富多彩的活动中猎取了更多的知识,开阔了视野,陶冶了美的情操,锻炼了口头表达能力。教师还要利用网络技术,为学生提供全新的文化活动平台,苏州传统文化资源非常丰富,每月有重点地带领学习小组探访历史文化名人和行业名人,撰写心得体会,既锻炼了学生的写作能力,又让学生了解了很多课堂之外的知识。另外,在进行语文教学设计时可以利用一些影视资料,开设多媒体网络语文课,以适应高职学生喜爱网上阅读的特点,增强语文教学的感染力,扩宽师生互相沟通的渠道,拉近思想交流的距离。

### 四、提高教师自身素质,注重言传身教

在五年制高职语文教学中,语文教师要注重提高自身素质,这是非常重要的。"学高为师,身正为范",教师不但要有广博坚实的业务知识,而且要不断充实和更新,要有强烈的责任感和敬业精神。教师还要对授课学生的专业学习有所了解,结合专业特点进行教学,会有意想不到的效果。德育教育既要言传,又要身教,教师应处处为人师表,凡要求学生做到的,自己首先做到,用自己的爱心和人格魅力去感染影响学生。语文教学注重文化传播和传承,文化承载着一个民族的情感、态度、价值观、道德。语文教师在教学过程中,要有意识地选择教学内容和方法,这种选择的原则是要有利于文化的传承,有利于学生的思想道德的建设,语文教学要对学生的人生观、价值观、人际关系、社会道德、职业道德、坚强意志、审美观念、法制理念等进行渗透。

语文教师在教学活动中要以"激励优先"为原则,激励可以调动人的积极性,让学生维持一种兴奋和向上的状态。高职学生更需要在教学活动中,参加不同层次的活动,教师对成绩差的同学要尽可能予以肯定,激发他们的学习热情,保护他们的自尊心和学习积极性。教师还要注意自身的穿着打扮、言谈举止,给学生树立榜样。尤其注意自身的精神面貌,要给学生以积极向上的鼓励和教诲,使学生也用积极的态度去面对人生,面向生活,遇到挫折能认真对待,

不灰心,不气馁,语文的积极意义也就充分地体现出来了。

总之,作为一名高职语文教师,必须用爱心切实抓好学生的德育教育,少一点牢骚,多一分宽容。对学生加强热爱祖国、文明礼貌等思想品质教育。要有强烈的责任心和使命感,努力完成教书育人的双重任务,用语文的美去感化学生,帮助学生拥有属于他们的美好未来。

## 参 考 文 献

[1] 邓惠艳.德育寓于高职语文教学的策略之我见[J].读写算(教育教学研究),2011,(18):238-239.

[2] 孔瑞珠.润物于无声之中——浅论高职语文教学中的德育渗透[J].吉林省教育学院学报(学科版),2011,(4):60-61.

[3] 张桓桓.基于德育教育的高职语文教学研究[J].课外语文(教研版),2012,(8):125.

[4] 袁玲,胡勤平.高职语文德育渗透的新模式[J].网络导报·在线教育,2012,(28):33-34.

[5] 袁焕玲.关于高职语文教学教育功能的几点思考[J].教育与职业,2013,(15):130-131.

二〇一四年四月十四日

# 语文教学融入高职专业人才培养模式的探析

**摘　要**：将语文教学融入高职专业人才培养模式，尝试开设语文实训课程，进行教学目标、教学内容和教学方法的改革，改变考核的模式，把高职语文课程改革与高职校职业核心能力的培养结合起来。

**关键词**：高职语文教学；专业人才培养；探析

职业教育的核心是培养学生的综合职业素养，文化基础课程如何围绕这一核心开展教学活动值得探索和研究。语文教学融入高职专业人才培养模式，围绕职业教育的特点，在教学中渗透职业理想、职业道德，为学生迅速成长为高素质职业技术人才奠定思想基础。语文教学突出高职学生人文精神的培养，职业教育从能力本位发展转向人本位发展，人本位发展的高职教育的价值取向是知识、能力、态度取向的统一，就是能力为前提，知识为基础，态度为根本。语文教学融入高职人才培养模式可以拓宽学生的文化视野，提升学生的文化品位，弥补部分高职学生人文精神的缺失，培养学生的人文精神，有助于培养学生的职业意识和职业态度，有助于学生良好人际关系的形成与和谐社会的构建，树立高职学生良好的社会形象。让高职语文教学重新焕发出新的活力，把高职语文课程改革与高职校职业核心能力的培养结合起来，有着极为重要的实际作用和现实意义。

## 一、高职语文教学任务观的转变

据权威调查报告显示，目前我国用人单位选择人才看重的是人品与敬业精神、人际沟通与协作能力、广博的知识与熟练的技能、创新能力与自我提高能力等。高职语文教学需要承担起提高受教育者职业素养的使命，完成培养学生交流表达能力、自我提高能力、与人合作能力的教学任务，使受教育者能够真正从中受益，成为满足市场需要的社会人，从而最终圆满完成高职教育的神圣任务。

由于各专业人才培养方式中都明确要求实践教学须达到50%以上，语文除了阅读欣赏之外,还要开设与专业相融通的实践训练课程。因为语文除了本身承载传播中国优秀文化传统和提升学生人文素养的任务外,更要突出地完成学生本专业需要的职业文化素养的培养任务。教育部〔2004〕10号文提到:衡量职业教育的文化课教学,首先要满足职业需要,其次是有利于学生今后的发展。所以开设高职语文实训课程,可以促使教师更新教学观念和教学方法,促进学生职业能力的大幅度提高。

## 二、高职语文教学与学生职业能力培养相结合

高职语文教学本身是一门公共基础课,如何与各专业课程结合开设语文实训课,是语文教师面临的一道难题。面对不同专业的学生,语文教师首先要对职业能力有深入的理解和认识。除了考虑如何培养各专业对人才的共性要求,即分析判断能力、组织协调能力、交流表达能力等之外,还要考虑如何通过语文教学培养学生既适应社会职业需要,又适应自身的可持续发展的需要。这就需要高职语文教师通过语文实践训练课程达到传授知识、培养能力和养成素质的目的。

学生的分析判断能力、组织协调能力和交流表达能力的训练是语文实践教学的重点,可以按照模块对语文综合能力进行分解,设置课程。语文综合能力训练课程的设立,可以弥补专业课程教学无法承担的相关教学任务,可以使学生综合职业能力的培养落到实处,这也是对高职专业人才培养模式的一个完善。

## 三、建立以职业能力为核心的高职语文实训课程体系

要培养学生的交流表达能力、自我提高的能力、与人合作的能力,可以通过建立以职业能力为核心的高职语文实训课程体系,包括对教学目标、教学内容、教学方法进行设计,进而到考核指标的拟订,只有通过摸索,才能有所收获。

(一)语文实训课的教学目标

语文实训课教学既要将语文知识与能力这一显性目标内化为学生自身的需求,又要将过程、方法、情感、态度与价值观等隐性目标渗透在提高学习效率的实践活动中,成为学生自身的感悟,使语文的工具性与人文性融为一体。人文目标下的语文课堂建构应呈现复合性、开放性、生成性和审美性等特点。人文性这个词在当今社会比较流行,环境讲求人文性,教育也讲求人文性,什么叫"人文性"呢?简单地说,就是人与文化,它包含着情感、意志和思想观念的内

容,不同于自然之物。语文实训课的目标要实现语文工具性与人文性的统一。

(二)语文实训课的教学内容

语文实训课要将语文综合应用能力分解为若干能力模块,如阅读理解能力、职业事务处理能力、职业语言交流能力、书写表达能力、人际交往能力等。可以以职业工作阅读、职业事务写作和职业语言训练来单独设立课程,具体分为三个模块,分别是阅读、写作和语言表达。对于单独设置的每门课程的教学内容,再进行具体化。围绕各专业职业工作的实际需要,以单个工作项目的形式来组织教学和训练。例如,对导游专业,在阅读模块中可将各类名山大川的资料归类整理,结合以往学习过的文学经典,特别是古人的游记材料,导游专业学生受益匪浅。职业事务写作模块可以将有关的景点介绍综合起来,写作导游词。职业语言训练阶段就是要通过各种语言基本功的训练,如绕口令、即兴演讲、辩论等提高口头表达能力。

(三)语文综合训练的教学方法

第一,仿真教学。学生通过置身于与专业相结合的仿真场景中来体验职业需要具备的基本素养。教师根据训练模块,结合具体语文教学的内容,综合权衡,在专业教学实训教室进行授课,让学生身临其境地进行职业语文能力训练。例如,金融专业的学生可以设置一个银行的场景和内容,学生分别扮演大堂经理和客户或银行的柜面工作人员,让学生在接待客户的场景中进行说话训练。教师传授说话沟通的技巧,还可以模拟一些矛盾冲突的内容让学生处理。

第二,现场教学。为了调动学生的积极性、加强操作的实用性,带领学生到校企合作企业或实训基地实习,给学生提供学习实践的机会,锻炼他们学以致用的能力。例如,现代商务专业的学生在训练制作商品广告时,语文教师可以带领学生深入学校合作单位,对企业的各种产品进行实地调查了解,再以生产商的身份为"自己"的产品制作广告,并分组进行产品推销表演。

(四)语文实践训练课的考核模式

**1. 以职业能力为本位的考核模式**

过去对高职语文实践课教学的考核主要以知识考核为主,现在要以能力考核为中心,以职业能力的提升为主要目的。语文实践课的教学是开放的,课程的考核应以课内训练效果和课外的动态考核相结合。例如,商务英语专业的学生主要考核学生在商务活动中的书面表达能力以及在模拟商务活动中的沟通能力和解决问题的能力。语文实践课的考核以学生处理具体问题的能力为目的。除了书面的课内考核,平时的训练情况都应记录在案,综合计算。

**2. 以学校和社会考核相结合的考核模式**

可以采用校内和校外相结合的考核模式。校内主要是设计职业场景,进行考核。例如,金融专业的语文实践课考核,要考查学生在从事金融服务时与人的沟通交流能力。校外的考试可以让学生报考国家职业汉语能力测试(ZHC),既能检验学生语文实践训练的效果,又能够使学生获得市场认可的职业能力证书,缩短学校学习与社会就业的差距。导游专业学生还可参加普通话等级考试,获得专业需要的与游客沟通的技能证书。

高职语文教学必须把它作为一门综合课程、一种实践课程来教学,培养学生的职业语言能力、阅读理解分析能力、写作表达能力、口语交流能力,提升学生获得外界信息和指令并进行筛选运用交流的水平。这就要求对高职语文教学进行改革,并把这种改革融入高职校人才培养模式中去,突破原有的传统思维,扩大内涵,延伸解读,从阅读教学、听说教学、写作教学三方面建立公共必修职业能力课程体系,以便解决高职学生语文运用能力不足和社会需求提升矛盾的问题。

## 参 考 文 献

[1] 盛群伟. 基于职业能力的高职服务类专业学生语文能力结构研究[J]. 河南职业技术师范学院学报(职业教育版),2009,(3):117-118.

[2] 叶玉梅,徐峰. 探讨培养高职学生语文职业能力的途径[J]. 长沙航空职业技术学院学报,2007,(4):24-26.

[3] 母汉琼. 论高职学生语文职业能力的培养[J]. 科教资讯,2007,(29):107.

[4] 王增. 高职语文教学应强化职业能力的培养[J]. 学术论坛,2014,(19):233.

二〇一一年九月三日

# 教学是一种灵动的艺术

## ——高职语文创新性教学探微

**摘　要**：教学是一种灵活的艺术,高职语文教学必须通过创新教学模式来更好地开展教学工作,使教师具备更多灵活应变的能力,并不断探索创新教学模式。高职语文多样性教学形式的运用是活跃创造性思维、进行创新性教学的主要环节。

**关键词**：高职语文教学；创新性；教学模式

　　教学是一种灵动的艺术,需要教和学双方全身心地投入,高职语文教学有别于中小学语文教学,它有职业教学的需求和特点。创新教育是能展现学生主体精神的教育,能激发学生的创造性,创新教育也是对现行教育手段的根本性改革。采用传统的"灌输式"教育模式,教学手段、教学内容都比较单一,忽视了学生内心的需求,千篇一律的课本知识很难让学生感受到语文教学的独特魅力和我国博大精深的民族精神,束缚了学生的思维,没有满足学生的多元化需求。高职语文作为承载着各类知识的平台,担负着历史的使命,而现行的教育手段的落后给高职语文创新教学带来了巨大的挑战。

　　目前我国高等职业技术学校语文教学中所表现出来的现状并不符合高职院校学生的人才培养目标,不利于高职校学生可持续发展。据调查,有的语文教师在教学过程中,照本宣科,全搬教材,讲课过程沦为念书过程,直接影响学生学习语文的积极性。有的语文教师在课堂教学中只是一味地讲授,缺乏科学合理的教学活动安排,忽视了学生的客观主动性,课堂上缺乏师生间、学生间的交流互动,课堂学习氛围沉闷。有的语文教师针对不同专业学生通用一种授课方法,不能因材施教、对症下药,一定程度上削弱了语文课堂教学效果。很多教师在教授语文课过程中过多依附于教材、板书等,就事论事,不能联系实际和进行适度的学科延展,造成了课堂教学信息量单一,学生求知欲降低。

　　下面根据笔者多年的高职语文教学实践,从两个方面来谈谈语文的创新性教学的尝试。

## 一、现代化教学手段的运用

现代社会呈现高信息化特征,高职语文课堂教学也面临新的挑战,积极运用现代化的教学手段是时代的必然要求:一是要运用多媒体进行教学流程设置,告别单一的板书教学;二是要充分利用网络资源的共享性特征,进行语文视频教学,播放与课文相关的视频,将阅读、口语交际能力的培养融为一个有机的整体,提升学生学习的兴趣,从而优化语文课堂教学效果。

### 1. 朗读和配乐

语文教学与其他学科有着千丝万缕的联系,文字的描写可以用其他手段来呈现。例如,在教学唐代诗人白居易的歌形体长诗《琵琶行》时,讲解诗句的音乐性及琵琶女的身世,利用多媒体播放民乐"琵琶行",并将之作为背景音乐,整个课堂沉浸在一种浓浓的艺术氛围之中,特别是"大弦嘈嘈如急雨,小弦切切如私语,嘈嘈切切错杂弹,大珠小珠落玉盘"诗句表现了音乐的粗重和轻细,作者用珠玉落盘表现音乐的清脆圆润,在音乐"琵琶行"曲中表现力丰富,学生更容易理解。对于一些抒情散文,可先听配乐示范朗读,如《再别康桥》《荷塘月色》等,再采用朗读比赛的方法,通过表情朗读、配乐朗诵等方式对文章进行反复的诵读,让学生更加深入地理解课文的内容,教学效果比较理想。

### 2. 场面描写与影视手段

语文课文中的场面描写,是在特定时间与环境内,以人物活动为中心和总体生活为画面的描写。它主要体现为人物与人物之间相互发生关系而构成的人物活动的动态描写,同时也表现在作为人物活动背景的特定环境的渲染上。影视手段可以帮助学生直观地理解人物,在讲授《林黛玉进贾府》一文时,重点突出人物外貌描写,再让学生观摩电视剧或电影中的有关内容,通过镜头与文字比较,学生体会到了贾府中一个个人物出场时的特写,特别对王熙凤的形象"一双丹凤三角眼,两弯柳叶吊梢眉。身量苗条,体格风骚,粉面含春威不露,丹唇未启笑先闻。"印象深刻。

### 3. 网络和多媒体

随着新媒体时代的到来,传统的教学模式已经不再受到学生的欢迎。要想提高高职学校语文教学的质量,必须在传统的教学模式中大胆融入新时代的技术,使语文课堂教育呈现出丰富性、开放性,把课堂的主动权交给学生,启发学生自己进行创造性的思考。例如,讲授鲁迅的《药》时,可以制作 PowerPoint 幻灯片,在大屏幕上展示课文的明暗两条线索,利用扫描仪插入一些图片,对比分析人物华老栓和刽子手的动作表情,让学生更深刻地领会文章的深刻含义。多媒体手段的运用打破了以往教师局限于把现成的客观世界规律性的结论简单地塞给学生的方式,代之以启发式引导学生去思考、追求和探索,培养学生的创造能力。

教师还可以利用网络平台,进行线上、线下同步学习,让学生提前阅读了解,借助互联网的交互性和快捷性,促进学生全面学习语文知识,教师和学生通过新媒体平台进行互动交流。采用现代化的教学工具可以触动学生的心灵,在课堂上充分利用新媒体平台,实现资源共享,师生共同学习进步,创造一个平等的课堂氛围。

## 二、多样性教学形式的运用

一味强调灌输的语文教学是死板和被动的,语文教育形式必须变被动为主动,笔者认为对传统语文教学形式的改进可以从以下两方面入手:

### 1. 讨论式教学

讨论式教学能激发学生智慧的火花,使学生的思维活动能迅速地发散和集中,有利于学生巩固和加强对所学知识的理解和运用;能锻炼学生的口头表达能力;能锻炼学生思维的敏捷性、灵活性和独立性,培养他们的自我评价能力;有利于学生养成自主探究的好习惯,有利于构建学生的多向思维模式,极大地拓展课堂空间。如对一些说明、议论性的文章,教学时尽量挖掘其实践性。如教学《南州六月荔枝丹》《我的空中楼阁》等课文,要求学生通过多种途径搜集有关的图片或实物,然后在课堂上进行小组讨论,最后各小组派代表上台讲解,或对照图片、实物讲解课文内容,或表演文中词语所描摹的情态,或通过想象用图画的形式直观展现课文内容。这样,既增强了学生学习的兴趣,加深了对课文的理解,获得了艺术享受、思想教育,也提高了学生的语文实践能力。

### 2. 社会实践式教学

高职语文教学要从课堂延伸到课外,结合学生的专业学习,通过社会实践活动来认识语文学习的重要性,来认知社会。围绕课文的一些内容,布置学生参与社会调查、参观访问,增强语文教学的实践性。例如,学习《内蒙访古》后,要求学生课外参观访问苏州的一些名胜古迹,通过现场观察和搜集历史资料,写出一篇访问游记。通过生活观察,增强学生的观察能力、社会责任感和热爱家乡的感情。还可以利用学生的专业特点,鼓励学生主动开展探究性的学习活动,培养自学能力和习惯。又如,对电脑和会计专业学生,在讲解调查报告这种应用文体时,给学生布置作业:完成本地区电脑或会计从业人员的素质及其提高的调查报告。让学生通过查找资料,进行社会调查,采访有关从业人员,征集从业人员工作单位领导和同事的意见,询问专业教师等方式,写一篇研究探讨性的调查报告,完成后互相交流。为了更好地培养学生互相协作的能力,允许两人一组完成一个报告。这种作业弹性大,学生发挥的空间也大,大家都愿意做,乐意做。有了兴趣,就有了质量。这种探究性的学习活动,不仅可以培养学生实事求是、追求真理、勇于创新的科学态度,还让学生在进行调查和撰写报告的过程中,锻炼了自己理解和运用语言的能力,同时也锻炼了思维能力、社交能力和收集处理信息的能力。

　　教学是一种灵动的艺术,需要施教者走创新之路,结合学生专业能力的培养,引导学生不拘泥于单一的知识。高职语文教学应该树立起现代化教育思想,利用新媒体平台和高职语文课堂相结合的方式来提高语文教学的质量。

## 参 考 文 献

[1] 马云鹏,孔凡哲.教育研究方法[M].长春:东北师范大学出版社,2006.

[2] 李红.论高职语文教学中创新能力的培养[J].苏州市职业大学学报,2003,(2):26 - 27.

[3] 袁昌仁.试论语文教学与人文精神建构[J].陕西教育,2002,(8):37 - 38.

二〇一〇年七月十九日

# 高职文秘专业
# 应用文写作教学方法初探

**摘　要**：工作计划和总结是文秘工作的常用文书，主要用来沟通信息、总结经验、研究问题、指导工作。以教授文秘专业的学生撰写计划总结为例，突出应用文教学从提高学生的认识开始，进而让学生知道怎样去写，化繁为简，让学生认真去实践应用文的写作，教师做好最后的点评工作，提高应用文教学的效果。

**关键词**：高职文秘；计划总结；应用文；教学研究

目前，高职高专文秘与财会专业开设的应用文写作课程，采用的教材是中国科学院教材建设委员会组织编写的"全国高职高专规划教材"系列《财经应用文写作》（由王敏杰、徐静主编，科学出版社出版）。在讲授财经工作计划和总结章节时，面对貌似熟悉又很难讲解透彻的内容，如何让学生有兴趣去学习，提高写作能力，值得我们深入研究。

美国心理学家和教育家布鲁纳曾说："使学生对一门学科有兴趣的最好办法势必使之知道这门学科是值得学习的。"既然是应用文，就要让学生认识这些文体的重要性。为了避免教学中照本宣科，使学生产生厌倦心理，教师应研究方法，精心设计，让学生感受到应用文与生活之间存在的紧密联系。

## 一、让学生认识到应用文"很有用"

应用文就是实践应用的文体，特别是对从事文秘工作的人来说非常重要，文秘与财会专业是一复合专业，应用文写作能力是复合专业学生必须掌握的最基本的技能，故这对语文教师提出了很高的要求。

俗话说：良好的开端是成功的一半。设计一段好的课堂导入语就可以初步达到目的。如讲授财经工作计划时，设计了这样的课堂导入语："昨天学校进行了'第四届职业核心技能的比赛'，我知道每一位学生也在做一项很重要的工作，是学校布置给每一位同学的，我想问一下这项工作跟比赛有关的是什么内容?"学生很积极地回答："职业生涯规划，跟比赛有关的是提升自己的适应职业的基本能力。"学校很重视学生的职业生涯规划，并且不断地帮助他们进行修订。笔者接着说："今天课堂上老师要专门跟大家一起来完善我们的职业生涯规划，做好人生的职业计划，规划就是计划的一种，所以今天学习的内容是计划这种文体。"

在导入总结这一文体的教学时，设计了这样的导入语："我想知道大家来到学校一年多有什么感受？"学生觉得这个问题很简单，于是纷纷站起来回答，有的说校园很漂亮，有的说老师很负责，有的说生活比较枯燥，有的说学习压力较大，等等。进一步提示："大家的感受很多，但是要从总体来考虑，而且要有条理，先说收获和成绩，后说不足和遗憾。"并拿出了一张纸条，分为二十四等份，代表一天二十四小时，让每一位学生说说自己是如何分配学习、休息、睡觉的时间的。先让学生分组讨论，再请各组汇总。要求各组不仅谈成绩，还要说出取得成绩的原因、存在的不足以及对未来的设想。最后在黑板上写下了"情况—成绩—经验—不足—展望"，并告诉学生开始学习总结这种文体。虽然开场时间多了一点，但是学生对总结这种文体一下有了很直接的了解。

通过这样的设计，学生意识到，只有全面了解、深入思考才能够进行总结，学生也懂得了应用文对于他们以后的工作、学习和生活用途很大，在每一种文体的教学中都要始终贯彻"简单、实用、动手"这一教学原则。

## 二、让学生知道"怎样去写"应用文

讲授应用文的目的，就是让学生知道"怎样去写"应用文。虽然说起来简单，但如果教师只是把书本知识搬给学生，学生一定会越学越枯燥，提不起学习的兴趣，甚至最后不愿意写应用文。

英国哲学家、教育家斯宾塞说过："硬塞知识的办法经常引起人对书籍的厌恶；这样就无法使人得到合理的教育所培养的那种自学能力，反而会使这种能力不断地退步。"在应用文教学中，教师要化繁为简，化多为少。教师要认真处理教材内容，在讲授"计划"这一文体时，教材中的范文《朝阳学院财务处2004年工作计划》，与学生的生活距离很远，而且格式也不很规范。在"本章练习"中有一篇《学习计划》，则是学生学习的好材料。该材料是一位学习成绩较差的学生编写的计划，存在一些问题，但内容很贴近学生的生活，在教学中笔者重点讲解这篇材料，让每一位学生对照自己的学习生活来理解，效果很好。

## 三、告诉学生"最简单"的写作方法

市场上应用文写作书籍众多，绝大多数首先介绍"概念""种类"，再介绍"结构""写法"。这些内容需要学生掌握,但不用学生死记硬背。高职高专应用文写作教学应重在应用能力的提高,应多花时间用于学生的实践教学中,寻找贴近学生生活的案例,让学生多练习,教师在讲解时突出该文种写作最关键的问题。

比如在讲授"计划"这一文体时,首先教师选择一些典型材料,让学生了解"计划"的用途和特点后,明确目标任务,制定措施和方法,确定具体步骤,使"计划"具有可行性。结合学生实际情况,让学生开动脑筋,写出"应用文学习计划""职业生涯计划""五年理财规划"等。

### 四、让学生认真"去实践"应用文写作

应用文的实践教学很有讲究。如果不让学生把学到的文体知识应用到实践环节,或者只是在课堂上简单"应用练习"一下,作用不大。当学生认识到应用文的重要性,又知道了怎样编写,此时应及时练习巩固。大部分高职文秘专业的学生,不是不想认真掌握好技能,而是常常不知道如何去做。教师不要低估学生的能量,要放心大胆地让他们去做。如文秘专业学生参加了"电子博览会"活动,就可以让他们总结博览会的得失。

### 五、对作业进行点评,让学生知道"怎样才能做得更好"

教师要引领学生进行提升,学生通过练习,要知道哪里写得好,哪里需要修改。应用文的讲评课尤其重要。教师要展示优秀的作业,让学生进行比较,课堂上讲评后,课后还要在教室张贴展示,让学生进行对照和修改。讲评始终以学生为主体,教师为主导。在教学中把学生的平时作业成绩与最终学期成绩挂钩,激发学生写作的积极性。

要提高文秘专业学生应用文写作的能力,教师必须优化课堂教学内容,合理配置,用心体会学生需要什么,采取适当的教学方法,定能提高学生职业岗位的适应能力。

参 考 文 献

[1] 张江艳.应用写作案例与训练[M].北京:北京师范大学出版社,2008.

[2] 张海兰.应用文写作职业化教学刍议[J].科技信息,2009,(21):194.

[3] 曾莉容.文秘应用文写作存在的问题及应对策略[J].南方论刊,2010,(11).

二〇一三年七月十日

# 略论孔子的仁学思想与
# 文秘专业礼仪教学

**摘　要**：孔子的仁学思想包含着中国传统的礼仪规范。高职文秘专业的礼仪教学担负着对学生进行基本的人文素养培养的重要任务,因此,教师要注重对学生进行传统礼仪教育的渗透。研究孔子的仁学思想并贯穿在秘书的礼仪教学中,对提高学生的人文素养,帮助学生提高职业能力有着重要的作用。

**关键词**：孔子；仁学思想；文秘专业；礼仪教学

　　孔子的仁学思想以"仁"为内容,以"礼"为形式,以"中庸"为准则。孔子的仁学思想主要保存在《论语》中,《论语》是集中反映孔子仁学思想的著作。探讨孔子的仁学思想对文秘专业的礼仪教学有着非常重要的作用,值得我们研究。

　　高职高专文秘专业的礼仪课是一门担负着对学生进行基本的人文素养培养的重要基础学科,在教学工作中,教师要注重对学生进行传统礼仪教育的渗透,这对提高学生的职业能力和人文素养,帮助学生提高就业质量有着重要的作用。文秘专业的职业礼仪,是指在人际交往中用约定俗成的程序方式来表现的律己敬人。礼仪是一个人内在修养素质的外在表现,也是人际交往中适用的一种艺术、一种交际方式,是人际交往中世人尊重、友好的习惯做法。文秘专业礼仪课程是培养职业素质的一门重要课程。所以,教师在教学过程中要注重学习研究孔子的仁学思想,增强本学科的文化底蕴,提升教学效果。

## 一、仁者爱人、以礼相待是文秘专业的基本素养

　　孔子的"仁者爱人"思想反映的是做人的本质,或者说是教人做人的道理。爱人,即人应该有一颗爱心,相互之间相亲相爱。所以说,"仁"原本指对人亲善或持有一种同情心,应该落实到对他人的尊重和友爱上面。具体地说,应该承认人的存在,尊重人的人格,特别是为人处世方面应该努力做到"己欲立而立人,己欲达而达人","己所不欲,勿施于人"。孔子希望以"仁爱"之心处理人与

人之间的关系。如果社会中的每个人都能具有仁爱之心,人与人以礼相待,那么社会的"老吾老以及人之老,幼吾幼以及人之幼"的礼序就形成了。

文秘专业所学的秘书礼仪,要求学生态度落落大方,举止温文尔雅,为人谦逊有礼,这是一个好秘书所必须具备的礼仪素养。孔子仁学倡导的"仁者爱人"阐述的也正是这个道理。当孔子把礼仪提升到"修身、齐家、治国、平天下"的高度,礼仪也就成了管理阶层治理好国家、掌管好天下大事的基础。

古人云:"中国有礼仪之大,故称夏;有服章之美,谓之华。"华夏,孕育出"礼仪之邦"。今天,当礼仪已经成为世界文化交流不可缺少的因子,它的功能与作用显得更为突出。因而,培养好的礼仪素养更是重中之重。文秘人员的礼仪素养至关重要:注意品德修养,讲究礼仪,具备多方面的知识,才能给人们留下深刻的印象,从而更圆满地完成工作。礼仪是构成社会精神文明的基本要素,是人们观察、了解社会文明状况的基本着眼点,也是纯净社会、清正风化的有效措施。我们讲究个人形象修养,方能落落大方、温文尔雅、谦逊有礼。

文秘人员要协助各级领导机构及决策者做好沟通信息、调查研究、联系接待、办理文书和交办处理日常事务等工作,自然而然地承担起了与社会各界打交道的任务。在交际过程中,文秘人员的个人形象关系到企业的整体声誉和形象。因此,文秘人员要十分注重自己的礼仪形象,为树立良好的组织形象做好"门面"和"窗口"。

## 二、仁学思想在文秘专业礼仪教学中的渗透

孔子的仁学思想倡导"仁者爱人",以礼相待,这是秘书职业的基本要求。所以,教师研究孔子的仁学思想,并运用在文秘专业的礼仪教学中,有着十分重要的意义。

(一)言传身教,教师起示范作用

在文秘专业的礼仪教学中,提倡教学相长,就是要求文秘专业教师自身应加强言传身教,起示范作用。研究孔子的仁学思想,培养敬业精神,增强服务观念,帮助学生摆正心态,形成良好的职业习惯,提高学生的整体素质。教师要为人师表,注重自身的仪表、谈吐、举止、情商,做学生的表率。学生会以大方得体、循循善诱的教师为榜样,在自我的形象塑造上找到楷模。在文秘专业的礼仪课程教学中,教师还要积极关注课程在学生思想品德、审美情操等方面的教育与引导作用,拓展与学生专业相关的职业素质教育。

## （二）尊重他人，提升学生自尊心

在学习和研究孔子的仁学思想的同时，让学生学会一举手一投足都彬彬有礼，首先以学会尊重他人为起点。礼仪教育不是一般的礼貌教育，而是一种道德修养、健全人格的教育。礼仪教育的核心就是要学会"尊重"，即尊重自己、尊重别人、尊重社会。要尊重自我，就是要重视自己的修养，同时尊重别人，才能得到别人的尊重。当然，尊重他人要以提高自己的自尊心为基础。人与人相互尊重是人类社会的共同目标。人与人的交往是以尊重为前提的，自己要得到别人的尊重，待人接物就要宽容谦逊、不骄不躁。当人受到尊重时，自信心就会增强，其内心的道德要求也会得到提高。

## （三）注重形象，规范日常行为

衣着仪表对于一个人就如商品的包装，是一种静态语言，能传递不同的信息：是否充满自信心和自尊感，是否觉得自己是举足轻重的。衣着仪表是个性的表征，反映一个人的文化修养及格调，显示自己的职业和职位。文秘人员在日常事务活动中应做到形象上中庸和谐，仪容仪表要适体入时，言谈举止要落落大方。在社交场合，衣着要整洁平整，装饰要端庄合体，追求和谐协调，过肥或过紧的衣衫，过大或过小的裤腿，过高的高跟鞋以及不得当的颜色搭配等，对于文秘人员而言是极不得体的。

文秘人员与人交谈时，眼睛要显示你在倾听对方的谈话，要不吝真诚的微笑，语言文雅而委婉，说话方式轻松自如，语速不紧不慢，尽量做到不与周围环境相冲突。教师要坚持正面教育与引导，拥有以礼相待之心，学生就会自觉地规范自己的日常言行，并逐步养成良好的文明习惯，呈现出良好的职业礼仪素质。

孔子是主张理论的实践性的，他说，"君子讷于言而敏于行"。同时，孔子也非常强调理性自觉和主观能动作用。现代社会，要求人具有丰富的知识，善于创新，将知识和能力内化和升华为更高的心理品格和思想道德品质，能与他人与组群和谐相处合作，相互支持，相互学习，共同提高。要成为一个受人尊重的人，首先，必须提高自身内在的素养，成为德才兼备的君子。其次，还要有强烈的礼仪意识，学会尊重别人，充分表现自身良好的人格魅力，达到较高的思想境界，让自己的仪表、言谈、举止展示青年学生应有的职业特征。如学生往往欣赏有气质的老师，自己也想模仿，这时，教师要积极引导他们，使之懂得：要想有气质，首先必须先有素质；然而，素质从何而来？只有从知识中来，从日常的细节注重中来。只有内在和外在统一了，才算"美"。

孔子的仁学思想是中国传统文化的重要内容,也是今天在素质教育要求中应该积极提倡的内容,在专业教学中渗透仁爱的思想,对学生将来热爱自己的职业并以积极的心态去面对社会是非常有益的。

## 参考文献

[1] 于丹.论语心得[M].北京:中华书局,2003.

[2] 金正昆.现代礼仪[M].北京:北京大学出版社,2007.

[3] 张江红.浅谈将"服务礼仪"引入课堂教学[J].管理与财富,2010,(4):56.

[4] 桂署钦.大学生传统礼仪教育探究[J].学校党建与思想教育(高教版),2010,(7):84-86.

[5] 宋大鹏.浅谈如何对高职商务英语专业学生进行礼仪教育[J].教育教学论坛,2011,(6):119.

二〇一三年一月四日

# 阿Q形象的镜子效应

## ——由《阿Q正传》的教学而引发的思索

**摘 要**：鲁迅先生的《阿Q正传》是一部伟大的作品,它超越时空而魅力不朽。作者通过人物对我们民族国民性的劣根性进行了自我批判,对人性的弱点进行了分析暴露,它是现实生活中人们自我审视的一面明镜。从阿Q身上的懦弱自欺、投机懒怠、狭隘自私反观现实社会中的某些人和事,可以寻根溯源。希望能借此警示那些新时代的阿Q们驱除或多或少隐藏在心灵中的"阿Q精神",从而唤醒至今仍受到封建思想束缚的思想僵化的人。

**关键词**：人物形象；教学分析；现实意义

鲁迅先生笔下的阿Q是一个复杂的艺术形象,阿Q不但是古今中外文学人物画廊中名气很响的"世界名人",而且早已经进入我们的日常生活话语中,成为人们经常顺手拈来的对某种社会生活和精神文化现象加以概括的现成的语言材料。

鲁迅先生就是"要画出这样沉默的国民的灵魂来。"[①]阿Q究竟是怎样的一个人？作者曾勾勒过阿Q的形象轮廓："三十岁左右,样子平平常常,有农民式的质朴、愚蠢,但也很沾了些游手之徒的狡猾。在上海,从洋车夫和小车夫里面,恐怕可以找出他的影子来的,不过没有流氓样,也不像瘪三样,只要在头上戴一顶瓜皮小帽,就失去了阿Q,我记得我给他戴的是毡帽。"[②]从作品中可知,阿Q是未庄上一个没有固定职业的流浪雇农,虽然有人夸奖他"真能做——割麦便割麦,舂米便舂米,撑船便撑船"。但是人家用得着的时候用他,用不着的时候便一脚踢开；高兴时对他恶作剧,不高兴时就凌辱他。阿Q一无所有,既没有能满足最为基本的生存需要的物质财产,也没有最为基本的做人准则。没有土地,没有房屋,没有家,没有灵魂,甚至没有姓名。他是一个饱受封建专制摧残和奴役的落后农民,物质上受到剥削,精神上受到折磨,阿Q的优胜不是优

---

① 出自鲁迅《寄〈戏〉周刊编者信》。
② 出自鲁迅《集外集·〈阿Q正传〉序及著者自序传略》。

胜,而是自欺欺人;阿Q的恋爱不是恋爱,而是想和吴妈睡觉,不断子绝孙;阿Q的革命不是革命,而是对革命的曲解和亵渎。作者说:"我的取材,多采自病态社会的不幸的人们中,意思是要揭出痛苦,引起疗救的注意。"①我们应该通过阿Q这个人物的分析来激发对现实的思考。

## 一、阿Q的优胜不是优胜,而是自欺欺人

阿Q身上最独特的标志就是精神胜利法,其实质是善于从被奴役的生活中寻找出美来,阿Q在自己心中虚幻的美中优哉游哉,以此来消解自己在现实生活中遭遇到的难堪、屈辱和失败。阿Q的精神胜利法实际上是很可悲的,作者用"优胜记略"和"续优胜记略"两个章节,叙述了阿Q的精神状态,作者的目的是要在"病态社会的不幸的人们"身上"揭出痛苦,引起疗救的注意",阿Q居无定所,行无定踪,为了果腹,他给别人帮工。他懦弱自卑,被假洋鬼子打了以后,马上改口说骂的是一个小孩,然而并没有蒙混过去,只得挨打;他自欺欺人,刚刚挨打,却说是"儿子打老子"。明明丢了钱,却骗自己"算被儿子拿去了吧"。竟没骗成自己,还是闷闷不乐,终于自己打了自己,却骗自己是打了别人,这样才心满意足地睡着了。赵太爷打了阿Q的嘴巴,一想到"儿子打老子",他反而得意地唱着《小孤孀上坟》到酒店去了。王胡扭住他的辫子拉到墙上碰头,钱大爷用"哭丧棒"往他头上啪的一声,他大抵都会用"虫豸打人""牲畜打人"之类去满足假想的胜利,以为报了仇,"飘飘然似乎要飞去了"。他麻木不仁,讲到杀头的事情,他不但没有一点怜悯之情,反而认为杀革命党"好看好看"。他恃强凌弱,口讷的便骂,气力小的便打。

## 二、阿Q的恋爱不是恋爱,而是不想断子绝孙

"恋爱的悲剧"揭示了"精神胜利法"虚幻的存在。阿Q的恋爱不是真正的恋爱,阿Q的学说是这样的:凡尼姑,一定与和尚私通;一个女人在外面走,一定想引诱男人;一男一女在那里讲话,一定要有勾当了。如此一个"君子"之所以会想到要恋爱,之所以会想到女人,这主要归功于受他欺负过的小尼姑。很明显,因为他摸了小尼姑的头,小尼姑便诅咒他断子绝孙。真可谓是:一骂惊醒梦中人!他感觉实在不能在这样的人面前丢脸。因此他便想到了要有个女人,为他生儿育女,借此向小尼姑证明他阿Q不会断子绝孙,那样的话,对他来说该是

---

① 出自鲁迅《南腔北调集·〈我怎么做起小说来〉》。

一件多么光宗耀祖的事啊——尽管他自己连姓都没有。阿Q的恋爱动机是如此不纯,但也无可厚非,在那个年代,许多人恋爱的目的也无外乎就是传宗接代。

阿Q为什么要选择吴妈呢?阿Q在赵太爷家打短工,吴妈是赵太爷家中唯一的女仆。吴妈向他说起"少奶奶"在娶小老婆的事上闹气,"八月里要生孩子",等等,使阿Q自然想到"女人"的事。他再也无法抵制住来自吴妈的"引诱"。"吴妈,我要和你困觉"这句"爱情"告白终于脱口而出!并且还对吴妈下跪了!但可惜的是吴妈可能由于年纪较大的缘故,不解风月之情,竟被他吓跑了。阿Q的恋爱随即宣告流产了!从此未庄的女人们个个躲着他。阿Q的"恋爱",完全是一个典型的生物生存与种族延续的反映。精神胜利法尽管在阿Q生活中奇妙无穷,但是决不能解决阿Q的那些诸如食色等形而下的需要,所以他胡思乱想,顾不得他的精神胜利法了,他的恋爱看不出半点能体现"精神"的东西,完完全全是赤裸裸的"物质需求"。由此也看出阿Q的矛盾,他既高扬精神胜利法,又背弃精神胜利法。

### 三、阿Q的革命不是革命,而是对革命的曲解和亵渎

在"革命"一章中,阿Q在土谷祠对革命的设想和愿望是一绝妙的幻觉描写,也可以说是一段近似梦境的描写。阿Q的"革命畅想曲"包括三方面的内容:首先,他对革命的理解仅仅停留在"造反"的认识上,形式也仅仅只是"结伙"打劫。其次,他认为革命就是报复欺负过他的人,说明他根本不知道革命的目的,不明确革命的对象。再次,他把革命当作占有金钱的手段,心中只有"东西"——钱和物。由此反映出阿Q对革命不理解的愚昧性,对革命党的无知的盲从性。阿Q的耳朵里,本来早听到过革命党这一句话,今年又亲眼见过杀掉革命党。但他有一种不知从那里来的意见,以为革命便是造反,造反便是与他为难,所以一向是"深恶而痛绝之"的。殊不料这却使百里闻名的举人老爷很害怕,于是他未免有些"神往"了,况且未庄的一群鸟男女的慌张的神情,也使阿Q更快意。而当阿Q被抓进监狱之后,他的精神胜利法终于升华到泯灭生死的境界,"过了二十年又是一个,但是……"在他生命的最后一刻想喊却没有喊出来的却是"救命",精神胜利法对阿Q并非万灵,值得我们深思!

阿Q显然是一个悲剧形象,而作者的笔法是喜剧性的,读之会有"含泪的笑"。阿Q在现实中遭遇的屈辱和不幸和他良好的自我感觉形成了强烈的反差,作者"哀其不幸,怒其不争"的痛惜之情的确很有深意。围绕"精神胜利法"

的分析,反观鲁迅对中国国民身上的弱点的深切忧虑。现代社会,物质生活的丰富与精神生活的充实大大超越了当时社会,经济的迅猛发展带来了竞争的激烈,但也带来了新的社会问题,如就业问题、拆迁问题、家庭婚姻问题、独生子女问题、贫富差距问题、外来务工人员问题等,都引发了新的社会矛盾,产生了一些社会不稳定的因素,主要表现在以下几种现象:

第一,懦弱自欺。阿Q身上的凌弱自欺现象在今天的社会中还能找到,有些人在上司面前俯首听命、点头哈腰,在下级面前颐指气使、盛气凌人;有的学生在老师面前唯唯诺诺、大气不敢出,回到家里却趾高气扬,俨然一个小皇帝;有些人在目睹他人受到暴力威胁时,无动于衷,不加以制止;有些人遇到损失时,默默承受,怕麻烦不去维护自己的权益;还有许多人看到腐败的现象,往往视而不见,怕受牵连和打击报复。

第二,投机懈怠。阿Q身上任由天命的惰性、被打不敢反抗以及狡猾的投机心理归根结底还是由长期以来所形成的奴性造成的。今天,社会物质虽得到极大的丰富,但惰性仍支配着我们的思想,享乐主义、好吃懒做等不良行为,不断影响着一代又一代人。这种追求安逸的思想与千百年来的奴性相结合,因而人们总以一种被压制与受控的心理去履行他的权利和义务,去投机生活。例如,在大部分的中国独生子女家庭中,孩子的事情家长大包大揽,不让孩子吃苦;甚至有些成年人不思进取,到年迈的父母那里"啃老";有些学生花钱大手大脚,不肯用功学习。这种做法与心态,正体现了部分国民投机懈怠的不健康的心理。

第三,狭隘自私。阿Q的革命是报私仇、分财物、讨老婆,这些是他的自我设计,是他对革命的理解,也是他向往革命的目的。阿Q身上的自私狭隘在现实生活中有没有呢?随着时代的变迁,科学技术的不断进步,人们物质文化生活水平的不断提高,我国也进入了社会主义现代化建设的新时期,但由于深刻的历史根源与社会根源,阿Q精神实际上依然存在于整个中国社会,在物质生活进一步提高,精神生活却渐显贫乏的今天,人们的世界观、人生观、价值观也莫名的混乱起来,迷惘与彷徨频繁闪现在部分国民的脑海之中。有的为官者利用手中有权,胆大妄为,不顾国家法律法规,为自己和子孙后代牟求福利,甚至一味追求享乐,把人民的利益全然抛于脑后,生活腐化堕落;一些遇到挫折的人便怨天尤人,责怪自己命不好;甚至有一些人精神无所寄托,胸无大志,浑浑噩噩,整日沉迷在虚拟的网络之中,用想象来打发日子。

阿Q是一面镜子,照出我们的缺陷,我们应该及时加以修正。学校教育肩负着培养新一代国家栋梁之材的重任,希望我们的学生能彻底从观念上确立新的世界观、人生观、价值观,更希望能借此警示那些新时代的阿Q们驱除或多或少隐藏在心灵中的"阿Q精神",从而唤醒至今仍受到封建思想束缚的部分国民。

### 参 考 文 献

[1] 吴奔星,范伯群.鲁迅名篇鉴赏辞典[M].南宁:广西教育出版社,1992.
[2] 胡斌.《阿Q正传》教学新视点[J].职教论坛,2005,(29):32-33.

二〇〇六年四月二十日

# 欲说还休：语文多媒体教学利弊谈

## ——从《雷雨》多媒体公开课说起

**摘　要**：语文多媒体教学能够充分调动学生的听觉和视觉，激发学生学习的积极性。但是目前语文多媒体教学中也存在一些令人尴尬的情况，教师成了电脑操作员，学生成了观众，语文声情并茂的作用被削弱了，利弊不一。教师在语文教学中必须要兴利除弊，使语文多媒体教学带给我们更多的精彩。

**关键词**：语文教学；多媒体；利弊

语文多媒体教学是语文现代化的产物，它是伴随着现代信息技术在教育教学中的应用而产生的。语文多媒体教学一方面强化和拓展了交流的渠道，因为语文教学运用幻灯、录音、计算机等视听媒体，能调动学生的视听器官，从而有效训练学生的听说读写思的能力，扩展学生的视野，激发其学习积极性，提高学生的语文素质，包括知识、能力、思想、精神、人格、信念等，达到较好的教学目的。但是另一方面在语文教学中教师易成为单纯的电脑操作员，学生变成了观众，师生之间在特定的情景中富有情感的交流就成为人和冷冰冰的机器之间毫无情趣的交流，缺乏师生的互动，使教学关系出现扭曲。在一哄而起的语文多媒体教学中，教师成了制作课件、展示课件的机器，学生想象的空间受到了一定的限制。本文从以下几个方面分别谈一谈语文多媒体教学的利弊。

## 一、多媒体教学的"四化"功能

### 1. 形象化

形象化的事物能直接诉诸人的感觉器官和感情，促进思维的发展，通过画面将一些美的事物展示在学生面前，让学生接受美的熏陶。如在教授峻青的散文《雄关赋》时，先通过网络下载山海关雄壮的美的摄影作品，在课堂上展示，特别是"天下第一关"那五个遒劲有力的书法作品，使学生体会到雄关的含义，教学也更直观生动。有些文章扑朔迷离，学生很难体会，有时教师费劲口舌也难以奏效，有一种说不清、道不明的遗憾，如果将这种事物形象化，就能使学生感知深切。例如,在讲授《林黛玉进贾府》一文时,就先把人物关系和黛玉进贾府的线路用图形标示出来,若配以动画,效果更佳。

### 2. 信息化

语文课堂的教学内容和时间都是非常有限的,而利用多媒体教学手段,可以加大课堂容量,利用网络查阅文章背景材料和有关评论文章,对学生学习语文和拥有语文方面的信息起着巨大的作用。利用多媒体进行语文教学也是信息时代教育改革的必然结果。在制作《雷雨》课件时,对周朴园这一人物的形象分析是个重点,通过链接方式介绍网络上有关评论文章,特别是其中一篇《叶公好龙式的人物——周朴园形象分析》引起了学生的兴趣,学生对周朴园人物的本质有了深刻的理解。通过多媒体技术,大容量、高密度、强化性、多渠道的信息显示,最大限度地提高了教学效果。

### 3. 趣味化

兴趣是最好的老师。实践证明,只有在学生对所学的知识展开活跃的心理活动时,才是最佳的学习状态。《雷雨》课件中借鉴了他人的资料,片头设计为影视效果的 Flash 动画——雷雨的画面,配以电闪雷鸣的声音,然后推出篇目"雷雨",学生的学习兴趣一下子给激发出来了。使用多媒体辅助教学,立体式地刺激学生多种感官与认知活动,引起学生的学习兴趣,激起其求知欲,调动其积极性、主动性和创造性,由"要我学"转化为"我要学",学习效果自然就会显著提高。

### 4. 情景化

语文教学一般是用文字来诠释情景的,而有了多媒体,可以声像文并用,用音乐来渲染情景、用画面来显示情景。在《雷雨》课件中剪接了一些影视中的人物造型,对人物形象的分析提供一种场景,使学生在把握人物上有一个参考。多媒体可以使古今中外、上下数千年得以沟通,并引发遐想,化静为动,虚实结合,创设一个崭新的语文教学审美时空。在情真意切、生动感人的情景中唤起学生思维想象力的扩张、审美情趣的增长、道德情操的升华。

## 二、多媒体教学的"四化"误区

### 1. 时髦化

时下上课使用多媒体,不失为一种"时髦",特别是公开课总是以多媒体的方式展示,有时不顾教学内容的适合与否,一味以录音代替示范朗读、以录像代替讲解、以屏显代替板书。有的老师甚至认为,过不了多久,老师只要制作一个课件,让学生自己去操作,计算机就可以解放教师。教师忽视了对传统教学手段的研究,只是刻意追求形式的新奇。其实课件设计得再完美,也不可能应付课堂上出现的各种问题,且教师制作课件需要花费大量的时间、精力。

## 2. 烦琐化

古人云:读书百遍,其义自见。"读"是语文教学中不可忽视的重要环节。老师范读,除了声音外,体态和表情是传递信息的重要手段,是学生模仿的典范。学生听老师声情并茂的朗读,有利于学生透彻地理解课文。学生自己读,是培养语感、发展语言能力的不可缺少的环节。如果一味要费九牛二虎之力剪接、翻录、制作多媒体并播放多媒体课件,课堂上不闻琅琅书声,可谓"丢了西瓜,拾了芝麻"。若不惜时间,在课件的每一个细节渗透新的技巧,连每一对象的声音、颜色、进出条件都以不同的样式呈现,学生往往注意的是一些新的花样,而忽视了课堂内容。

## 3. 低幼化

语文课的目的是培养学生的语言运用能力和文学鉴赏能力,提高学生的语文素质。但是很多多媒体的教学却是生硬地图解文字,毫无思维力度,学生只会对通俗形象痴痴疯狂,不能领悟各文学形象的光彩耀人。例如,教学《荷塘月色》一文时,仅将文中所绘的景色定格在每一图像上,学生就领略不到千姿百态、生机盎然、摇曳多姿的荷塘美景,文字有时留给人的东西比画面要多得多,而多媒体恰恰剥夺了这些想象,让人停留在低龄、幼龄阶段。

## 4. 程序化

在课件的制作过程中,必须按照一定的程序,因而教学过程也跟着程序化。因为在制作课件时,基本上把时间都精确到一两分钟,老师的板书时间省略了,学生的学习强度加大,没有时间去回味、消化,教育仍以新面孔走老路。

文章不是"无情物",师生俱是"有情人"。语文课堂教学应该是充满人情味的人文化的课堂教学,师生间的关系是一种和谐的人性的关系,不能因为冷若冰霜的人机交往而割裂了师生的情感纽带,"呆若木鸡"的机器永远不能替代"白纸黑字"的文学语言,人脑不能扼杀在电脑的控制程序之中。利用多媒体进行教学,要克服其不利的因素,不断完善,不断提高,使多媒体这种教学手段带给师生更多的愉悦、更多的精彩。

语文教学需要现代化,不仅需要教学手段的现代化,还需要教师的现代化、教育观念的现代化,用现代化的教育理论指导现代化的教育实践,语文课堂才能在现代科技的氛围中,洋溢浓浓的人文气息。

## 参考文献

[1] 陈良.多媒体在语文教学中的利弊谈[J].中国职业教育技术,2002,(15):39.

[2] 刘华.语文多媒体教学与人的发展[J].语文建设,2001,(10):45-46.

[3] 李金林,吕红鹰.语文课堂教学中应慎用多媒体[J].上海教育科学,2001,(5):48-49.

二〇〇三年七月二十日

# 活跃创造性思维,开展创造性教育

## ——语文创造性教育探微

**摘　要**：语文是基础课程,进行语文创造性教育,对于全面开展创造性教育有着深远的影响。语文学科有其自身的特点,它对培养学生的创新精神和创造能力有着得天独厚的优势和作用,如何让语文成为培养学生创新思维的舞台,仁者见仁,智者见智。

**关键词**：语文；创造性教育；探微

创造性思维就是以思维的自由性、视角的多向性、内容的新颖性极大限度地扩展人的思想空间,如用已知启迪未知、以旧知激发新知。创造性教育就是服务并满足创造性思维,运用各种现代教育手段,更新教育形式和拓宽教学内容,旨在提高学生创新素质,它是符合现代教育特点和现代教育目标的现代教育方式。适应知识经济的挑战,活跃学生创造性思维,培养学生的创造性能力,全面开展创造性教育已成为每个教育工作者的当务之急。语文是基础课程,进行语文创造性教育,对于全面开展创造性教育有着深远的影响。创造是生存于这个时代的人最不可缺少的精神和素质。创新的重要性已被提高到一个民族生死存亡的高度。人的创造能力并非天赋,而要靠后天的教育和培养。也只有教育才能承担起这个使命。培养学生的创造能力,学校教育任重而道远,语文学科有其自身的特点,它对培养学生的创新精神和创造能力有着得天独厚的优势和作用,如何让语文成为培养学生创新性思维的舞台,仁者见仁,智者见智。这里以笔者多年教学实践中的一些经验积累和大家共同探讨。

## 一、培养学生语文创造性思维,语文教师首先要有创新精神

没有创造性的教师,就不可能有创造性的学生。语文是培养学生思维品质的重要阵地,应充分培养学生的创造性思维。要培养和发展学生的创造性思维,就要建构创造性教学的环境,即建立良好的课堂教学氛围、教学条件。教育的内容、对象、手段与方法都是不断发展变化的,如果教师仍以不变应万变的态度对待,就谈不上发现和培养创新人才。一个有创造性的教师应具备哪些基本

素质呢？创新教育要求教师除具有爱心、责任心和事业心等职业素养外，还应成为复合型人才，既有基本的人文素养，又要有一定的科学素养；既有精深的专业知识，又有广博的相关学科知识；既懂先进的教育理论，又能进行教学设计、组织、评价、管理等教育实践；此外，还要求教师能突破传统的思维定势和教育教学方法，进行各种创造性教育。通过语文学习培养学生良好的创造个性，良好的创造个性也是发挥创造性的必要条件。从那些具有非凡创造力的人身上，我们往往能发现，他们不仅具有良好的事业心、责任心，而且具有独立的个性、坚定的意志和一丝不苟的科学精神，这与创造的特点是分不开的，因为创造就是独出心裁，创造也必然伴随着坎坷、波折和失败。良好创造个性的培养又有赖于和谐、宽松、民主的教学氛围。语文教师在教学中要创造和谐、宽松、民主的教学氛围。创新教育要求我们在管理中不仅要科学化，而且要民主化。所谓民主化，就是做到以人为本。美国教育家布拉拂特和李波特根据教师的能力和性格的多样化，将教师划分为四种不同的类型：强硬专制型、仁慈专制型、放任自流型和民主型。研究表明，那些民主型教育下的学生喜欢创造性的工作，学生能相互鼓励且能独自承担某些责任，无论教师是否在课堂上学生都有着巨大的创新动机和热情。民主化的管理意味着教师要学会给学生更多自由发展的空间，学会理解，学会宽容，学会赞赏，学会反思。

## 二、拓宽语文教学内容是进行创造性教育的核心问题

在现代语文教学中一定要把传授知识和发展能力结合起来，语文教师在语文教学实践中应以精湛的语言、发人深省的启示、引人入胜的悬念激发学生进入如痴如醉的情境，不需要在课堂上喋喋不休地、过细地讲解，否则会束缚学生的手脚，扼杀学生的创造热情。现代化进程需要具有创造精神的人才，这类人才的创造素质决不仅仅反映在知识和技能的占有程度上，更突出地反映在知识的运用和技能的发挥及创新之上。笔者在语文教学中为了拓宽教学内容，采用了以下几种方法：

### 1. 课本知识的融会贯通

目前各类语文课本都选自历代名篇经典，艺术性、思想性极高，名家名人的作品立意高远辽阔，更有其独特的风格，如李清照的真挚、辛弃疾的执着、雨果的博大、契诃夫的幽默、鲁迅的深邃、冰心的隽永、朱自清的清新、毛泽东的恢宏壮丽、苏东坡的豁达乐观等，对每个学生的人生观的形成都是一种启迪、一种陶冶。他们开阔的胸襟、张扬的情感、精深的理念和崇高的人格也会深深地感染学生，对学生怡情养性、立身处世有很大的作用，教师引导学生将课本知识融会

贯通是语文教学义不容辞的责任。

**2. 课外读书的补充完善**

语文教学应该不囿于课本,要形成新的教学思路、新的教学理念、新的教学目标,把学生看成是学习过程中能动的主体,注重挖掘学生的创造能力,激励学生灵活运用所学知识探究和解决实际问题。学生语文知识的丰富可以通过课外读书活动,博览群书,如阅读百科知识、书报杂志、经典作品。特别是一些实用文体作品,如报纸新闻、单位规章、商业广告、科技说明、推理小说、科学幻想,甚至火车时刻表、道路交通图、菜单等,都可以介入语文教育,拓宽学生各方面的知识,更进一步促进其创造性思维的发展。

**3. 写作教学的强化训练**

写作教学作为人格教学的一部分,它的强化,对提高现代人格素质和文明水准有很大的作用。语文的作文训练就是要培养学生敏锐的直觉思维、广阔的联想思维、丰富的想象思维、深刻的抽象思维。缤纷的色彩绘成美丽的图画,不同的音符谱就动听的旋律,丰富的词语组合一篇优美的文章,这都是一种创造、一种飞跃。习作的训练实际上是学生汇集自己全部的知识,采英撷粹,通过思维运动所形成的成果,这本身就是一种开创创造性思维的方式,以此全面提高学生的写作水平,提高学生的素质。

**4. 科学知识的宣传传授**

语文教学的责任,既要让学生接受人类已经具有的思想文化成果,也要注意宣传和传授科学知识,科学技术的迅猛发展,超出了常人的认知范围,必须认识科技、宣传科技,开发学生的创新思维。科学是神圣的,要提高学生的科学素质,激发学生对科学的兴趣,科普作品也是语文教学的不可或缺的内容,学生接受科学知识,使之心灵的底片都接受科技的感光,这也是语文教学开拓的新的领域。

## 三、语文教学注重培养学生的想象力

语文教学中有以问题探索为中心的教学模式、以情景体验为中心的教学模式和以实践活动为中心的教学模式。要根据教学对象的特点,注重培养他们发现问题和解决问题的能力,创造适合他们发展的教学模式。根据语文学科的特点,要培养学生创造性思维,应着重培养学生的想象力。

想象具有自由性、非逻辑性和创造性。想象是创新的基础,没有想象就没有科学,同样,没有想象就没有艺术。语文教学中,让学生发挥想象,可以是由形及形,也可以是由形及神;运用多媒体,展示一些实物图片,如旭日、乌云、春蚕、蜡烛、松树、梅花、帆、大海、瀑布等,让学生做由形及神的联想。

视觉化技术也是发展学生想象力的重要方法。视觉化技术就是要求学生用具体的图或实例来表达或说明各种观念、思想、感情或经验。比如让学生欣赏影片,到精彩之处,突然停止,要求学生运用他们的想象力,给故事编一个结局;在诗歌教学中,要让学生完成艺术品的二度创作,深入体会诗歌意境,让学生用自己的语言把头脑里面浮现出的画面描述出来,或者在条件允许的情况下根据诗歌作一幅画。还要进行创造性的倾听与表达。创造性表达主要是说和写,如要求学生能创造性的复述,这是复述的较高层次的要求,它需要发挥创造想象和联想能力、推理能力。教学人物传记,要求学生改变人称复述;教学复杂记叙文,要求学生重新组织材料复述;教学说明文,要求学生改变语言特色,用生动形象的描绘性语言复述;教学小说,要求学生对部分情节进行想象性扩充。创造性倾听主要要求学生在欣赏听觉艺术时发挥再造想象。比如,给学生播放一首乐曲,让他们根据音乐来描绘画面,或根据音乐的感情基调来编故事,或根据音乐的起承转合来谈感受。这就大大地提高了学生学习语文的兴趣,又培养了学生的言语思维和创造性思维。

教学的关键在于教师要放手让学生去自由地思维,少一些控制,多一些宽容与鼓励。但不能放任自流,教师应当及时引导,使其按照一定的准则,朝着一定的目标,沿着正确的轨道,引领思维向纵深发展。

"不临深谷,不知地之厚也。"创造性教育是一个发展的课题,如何让语文教育完成培养学生创造性思维的使命,还须学界同仁们在修远的道路中上下求索。苏联教育家苏霍姆林斯基指出:我们的教学不要使学生掌握知识成为最终目的,而要成为手段,不要让知识变成不动的、死的行装。语文创造性教育形式的更新就是为了关照学生的多维型思维的发展,培养学生的创新能力。正如恩格斯所说:"科学是研究未知的东西,科学教育的任务是教学生去探新创造。"

语文的创造性教育应该树立起现代化教育和优化教育思想,活跃语文创造性思维,开展语文创造性教育,是实现教育创新的一项重要内容,同时也是教育教学的一大课题,它的形成还要受教育实践的检验,并在实践中完善和发展。实现创造性教育可以使学生的思维不再受时空限制,纵横驰骋,让学生的创造力像矿藏资源一样不断地得以开发出来,使人类的科技走上长兴不衰的希望之路。

一九九九年十月二十三日

# 寻找开启语文创造性教育的钥匙

## ——利用电化教学手段开展语文创造性教育

**摘　要**：利用电化教学手段开展语文的创造性教育，让语文教育更灵活生动起来，这种新的教学手段是以往的单纯教学所无法相比的，其优越性也是显而易见的。本文主要就多媒体在语文教学中的作用和其产生的影响进行论述，从教师的角色转变和学生的积极参与的角度来进行分析，指出新时代语文教育的教学方法的多样性、思维方式的灵活性以及学生接受知识的深刻性。

**关键词**：语文教学；电化教学手段；创造性教育

创造性教育是指创设一种能够使人创新、创造的环境，由教师通过创造性教学方法培养出创造型学生的教育。作为以创造性教育为目的的现代课堂教学，其核心就是让学生作为学习和自身发展的主体，使其主体性（包括主体性意识、自主性、主动性、创造性等）和潜能在课堂教学中得以充分地展现和发展。现代社会是一个信息社会，信息的流通和获得已经非常方便，互联网成为人们生活的重要媒介和工具，那么多媒体教学也必然会影响和渗透到教育教学的各个方面和环节中去。语文教育尤其需要运用电化教学的工具，将课本上的文字转化为多媒体上的图片或视频，让语文从书本走进屏幕，这是语文教学的一个必然的发展趋势。

## 一、利用电化教学可以帮助教师开展语文创造性教育

唐代文学家韩愈在《师说》中说："师者，所以传道授业解惑也。"这对教师在教学中应负的责任做了说明："传道"就是传授知识；"授业"就是教授本质道理；"解惑"就是解答疑问。这是教师的基本职责，但要将"传道""授业"和"解惑"做到最好、最彻底并不容易。

多媒体教学的出现可以更好地调动学生学习和认知的积极性，让他们更容易参与其中，而不仅仅是单纯地记与听。多媒体教学可以运用声音、图画、影视等形式来展现教学内容，可以更好地体现教学的优越性，也能更清楚地说明问

题。以往的教学方式只是教师一厢情愿地讲，学生能理解多少教师不知道，而多媒体教学则是一种全新的教学，它可以拉近学生与教师之间的距离，可以引发学生更多的思考，也可以吸引他们课外阅读更多的资料，调动他们的学习兴趣，这要比过去的以教师为中心的授课方式有用得多。可以说，多媒体教学使教学方式灵活而多样化，这种多样化的教学方式也是素质教育探索过程中的一个可喜的方面。

## 二、利用电化教学可以使学生由被动的"听"变为主动的"学"

所谓主动的"学"，实际上就是培养学生探究性学习的习惯。探究性学习这一概念最初是由美国芝加哥大学施瓦布教授提出来的，在施瓦布看来，学生不只是被动接受知识的载体，而是充满着探索欲望的个体，教师引导学生自主探索就是让学生根据自己的生活体验或已有知识背景去探索知识的形成过程。教师的主要任务是有针对性地指导学生围绕目标进行阅读、观察、实验、思考、联想、试探、验证等探究活动，组织好师生间、学生间的多边探索活动，让学生在思维碰撞中迸发灵感的火花，从而体验"探究"的乐趣。每个学生对事物的认识都不一样，这就形成了我们生活的世界的多样性和无限可能性。激发学生的探索欲望，让他们更好地从"学生"的身份中走出来，这就是探究式学习的核心。语文教学涉及生活与社会的方方面面，是认识世界的一个重要窗口。在语文教学中培养学生的探究精神，可以让他们更主动地去学习，去认识这个世界，从而形成自己独特的思想和个性，这就是语文的创造性教育。

## 三、利用电化教学可以让学生转换角色、转换角度思考

多媒体教学可以为语文的探究式学习推波助澜。多媒体教育带给学生的是更直观的认识，可以更好地引导学生们思考。信息技术的发展必定会促进学习方式的变革，多媒体的互动性和流动性对课堂教学提出了强烈的变革需要，采用何种教学手段，如何充分利用网上教育资源来加快教育思想、教育内容和教育方法的改革，这些都需要教师在实践中不断加以总结。笔者在教学中尝试让学生转化角色、转化角度思考问题，从而一步步地把问题引向纵深。例如，教学《劝学》时，笔者利用 PPT 展示一层更进一层的问题思考，并让学生上台问答。讲台上的学生提问："青，取之于蓝而青于蓝；冰，水为之而寒于水"，这说明了什么道理？讲台下的学生不假思索地说："学生超过老师。"讲台上的学生说："对，还有其他需要补充的吗？"讲台下的学生一下愣住了。讲台上的学生

再问:"青与蓝、冰与水有何关系?条件有无变化?"讲台下的学生相互讨论后回答:"对原有条件进行了改造、提炼。""结果呢?""超越了自我。"这样的角色转换、角度转换让学生明白:人只要不断学习,改造自己,就会超越自我。

### 四、利用电化教学可以促进学生语文学习的举一反三

多媒体是现代语文教学的一种更加直观的教学手段,在学完散文单元后,结合写景文章的特点,笔者在多媒体教室上了两节课,将电视《苏园六记》的片段与课文的描写相结合,逐段点拨、对照,将反映苏州古典园林的电视片《苏园六记》与课文《荷塘月色》《故都的秋》进行切换,并加以想象,学生被电视画面中的内容所吸引,再配以画龙点睛的解说词,特别是片头的园林布局、园林花窗、园林建设等美景与文字的完美结合,电视的归类讲解,让学生得到了一次美的享受,同时,学生们也更热爱自己的家乡。通过多媒体实践教学,学生扩大了知识面,起到了举一反三的效果。

另外,在每学期复习的时候,因要大量归纳一些知识点和课文内容,可以利用多媒体手段进行复习讲解。比如,在复习古文时,将所学课文中的实词、虚词归纳出来,并对一些特殊用法进行总结,复习课效果明显。

### 五、利用电化教学可以培养学生丰富的想象力

在语文的阅读教学中,即使是同篇文章,每个人的理解也不一样。这是因为每个人的生活背景不同、阅历不同、文化素质不同,所以对文章的理解也就不同。阅读过程实际上是一个再创造的过程。因此,在阅读教学中,教师要创设情景,让学生充分体会作者的思想感情,这样才能更好地理解课文。例如,在讲解现代诗歌时,笔者先向学生介绍了作者的创作背景,然后播放录音,让学生品味,最后让学生们用自己的语言对诗人此时的心情进行描述,教师对他们的描述不作任何评价,再让学生自己去朗读。这样,学生通过体验、想象和联想,不仅增添了学习这篇课文的兴趣,而且能更深刻地体会诗人写这首诗的心境。在写作教学中,也可以让学生运用想象甚至幻想的方法,续写故事和想象作文。但不能胡编乱造,而要合乎事物发展的逻辑,以科学为依据。如在学辛弃疾的词《清平乐》之后,笔者让学生充分想象这首词所描绘的意境,再展开联想,把这首词改写成一篇优美的散文。这对学生的形象思维能力是一个极好的锻炼。

语文是一门人文学科,对学生进行创造性教育有着得天独厚的优势。首先,教师要尊重学生的独立性,发挥他们的主动性,师生之间搭建起一个互相信

任、平等合作的"平台",教师对学生提出的"新观点"要给予积极的鼓励和赏识性的评价,对于学生的偶然失误持宽容态度。其次,教师要有意识地培养学生追求"新奇"的习惯,引导学生善于从司空见惯和习以为常中"生疑",提出新问题。

如果说创造性人格是人类创造活动的源泉和动力,那么创造性思维则是人类创造活动的核心和关键。它具有敏感性、灵活性和独特性等特征。良好的教育要以进一步开发和拓展人的创造性思维、提高人的创造能力和水平为目标。本文是结合教学实践,在培养学生创造能力方面进行的一些探索。当然还需要我们在今后的教学过程中不断总结和创造,以进一步开发学生的智力,培养学生的创新能力。

一九九九年七月二十四日

# 论语文课堂教学与素质教育的关系

**摘　要**：实施素质教育是以育人为根本,对人的素质全面培养的教育。而人的素质须靠长期地、潜移默化地教育才能养成。因此,以语文课程为载体,以语文教学为中心,以语文课堂为主渠道,认真遵循教学规律,优化课堂教学,可使每位学生诸方面的素质主动、全面、和谐地发展。

**关键词**：素质教育；语文课堂教学；关系

　　长期以来,职业学校语文课堂教学形式单调,一块黑板、一支粉笔、一本教材和授课教师一张嘴巴就是中专三年全部的语文教学。教师在三尺讲台滔滔不绝地向学生灌输知识,将一篇篇课文的字词句篇肢解分化,使原本形象生动的文章变得枯燥乏味。目前中专语文课堂教学忽视学生语文修养的提高,忽视学生思想品德的教育,忽视语文现代教学手段的运用,忽视培养学生优良的学习习惯,不符合素质教育的要求,教师越教越困惑,学生越学越乏味,教师不能在语文教学中游刃有余,学生不能在语文学习中主动获取,如此教学达不到全面提高学生素质、培养学生能力的要求,更不能使语文教学走出跟跟跄跄的困境。

　　现今的中专语文教学改革可谓步履艰难,从事中专语文教学的同仁们也一直在不懈地努力,但大多只停留在表面,未作深层的探索,所以仍未跳出怪圈。笔者试图从教和学的实践调查中寻求与素质教育相契合的根本点,力争达到素质教育的要求。

（一）

　　素质教育的本质特征主要体现在三个方面,即全体性、全面性和主体性,具体就是面向全体学生,使每个人都得到发展；全面提高学生的思想道德、文化科学、劳动技能和身体心理素质,注重思想性,知识覆盖面广,听说读写不偏废；唤起学生的主体意识,促进学生生动活泼的发展。语文教学大纲中也明确规定："良好的个性品质主要指正确的学习目的、浓厚的学习兴趣、顽强的学习毅力、实事求是的科学态度、独立思考和勇于创新的精神以及良好的思维习惯。"在中专语文课堂教学中要体现以上素质教育的内涵,任务艰巨而重大。特级教师钱梦龙撰文说过,"教语文是戴着镣铐跳舞"。我们也常感叹:语文难教,难于上青天。从语文的实践教学中反映出来教师的弱点也是十分明显的。

第一,教师的知识跟不上时代的发展。当今社会信息量大,从国际国内重大新闻到科技最新成就,从流行时尚到影视书籍,都与语文教学息息相关,教师要更多地把具有时代性的内容引入语文课堂,才能激活课文中蕴涵的艺术生命力,这就要求语文教师个个都是知识杂家,并要不断更新知识,与时代同步。

第二,师生之间存在代沟。师生在教学过程中缺乏沟通,学生有时不能理解教师、信任教师,对教师较难产生亲切感。且由于年龄的差距,教师和学生的价值观和人生观存在很大差距。

第三,情感教育在中专语文教学中的有效运用不够。语文知识和能力的积累和形成主要靠语文的实践,对语言材料的感受—领悟—积累—运用是培养学生语文能力的一条正确的途径,学习语言不是纯客观的认识过程,而是带有浓厚主观色彩的感性和理性统一的感悟过程,这种感悟不是纯知识的感知,它包括对文字符号所负载的思想内容、文字材料所组合的方式方法、文字符号所渗透的情感韵味等综合性的感知和领会。教师的以情动人、以情感人就显得特别重要。

第四,现代化教学手段在语文教学中的运用十分薄弱。现代信息技术的发展,特别是计算机的普及,已经对语文教学产生了较大的影响。语文教师要快速掌握新技术,使现代信息技术成为语文学习的重要手段,使语文教学新鲜、活泼、生动、丰富起来。例如,听说部分的教学,讲到辩论课题时,播放紧张激烈的国际大专辩论赛,效果就非同一般,受到学生的普遍欢迎;优美的唐诗宋词如果采用诗配画的教学,也会令人耳目一新。

第五,语文教学还基本采用填鸭式教学。著名语言学家吕叔湘先生曾说:"在各种教学法之上,还有一把总钥匙,它的名字叫'活'。"现代人的素质是一个综合体,语文素质是其中重要的一部分,有时为了进行思想教育,硬塞进大量政治色彩过浓的内容,把语文课上成了政治课,这一点是中专语文教学时很难把握的,在语文课堂教学中要把培养学生思想道德品质、科学文化涵养和健康情感意志作为语文教学追求的境界,这也是二十一世纪新型人才的基本素质。

第六,部分教师的基本功不尽人意。一篇篇优美的课文,教师不能字正腔圆地进行示范朗读,黑板上的板书常常龙飞凤舞,给学生的印象不具有学者风范,有些教师甚至打扮得花枝招展,珠光宝气,严重影响教学效果。

## (二)

目前,中专学校的学生对语文学习情况又是怎样的呢?从实践调查来看,情况十分令人担忧,主要表现在以下几个方面:

第一,学生作为学习的主体,从小就没有养成良好的学习习惯,字迹潦草,错别字连篇,标点符号不能正确运用,长此以往,必然会影响学生思维的缜密性。

第二,学生学习缺乏动力,不会主动思考,对中专的学习方法不适应,只会应付题海战,不能进行创造性的学习。

第三,由于学生没有经历过挫折教育,心理承受能力很弱,缺乏自信、自立和自强的心理素质,对语文学习一没兴趣,二没信心,上课提不起精神,作业马马虎虎,既不预习,也不复习。

第四,学生课外读书不积极,语文知识积累少。

从教与学两方面的现状不难看出,中专语文课堂教学亟待进一步改革,在把准病症的基础上首先要认识到中专语文课堂教学与素质教育的关系,然后再寻求良药,解决问题。随着改革的不断深入,社会主义市场经济的不断发展,需要造就千百万高素质的人才,中专学校培养出来的人才必须与社会的发展相统一,中专语文课堂教学必须与教育现代化的进程相统一,语文教师在施教的过程中必须转变教育思想和教学观念,积极主动更新教学内容和教学方法,以达到发挥学生个性、共同提高的教学目的。

语文教学过程是由教师、学生、教材、教学手段和教学方法多种要素构成的,是相互联系的一个统一体。语文教学过程是学生在语文教师的指导下,认识文章、认知事物的过程,教师要用素质教育的思想改革语文课堂教学,并深入研究学生的学习方法,认真改进课堂教学方法,向课堂四十五分钟要质量,才能提高语文课堂的效率。

培养学生的语文能力,提高学生学习语文的兴趣,既要让学生掌握扎实的语文基础知识,更要让学生接受课文崇高的思想,吸取文化遗产的精华,从而培养学生锐意进取、善于思考的习惯,培养学生以严谨、科学的态度对待客观世界、对待所学知识。总之,语文教学既要开发学生的智力因素,也要开发学生的非智力因素,让我们的每一位教学对象都成为品德高尚、心理健康、人格健全的高素质人才。

一九九八年九月八日

# 浅论语文素质教育之重心——阅读教学

**摘　要**：语文教学必须重视阅读，把语文素质教育的重点放在广泛阅读之上，"书读百遍，其义自见"，这是古人关于阅读的深刻见解和宝贵经验，教师必须加强阅读训练，使学生由被动听讲变为主动阅读。

**关键词**：素质教育；语文教学；重心；阅读教学

英国哲学家培根说过，"读书使人头脑充实"。语文素质是一个人知识素质的一部分，语文能力与一个人的日常生活紧密联系，是伴随一个人终生的工具，人主要靠阅读来获得知识、积累知识，阅读是人类特有的一种精神活动，我们阅读的文章均是有内容、有思想、有情感的，阅读会潜移默化地影响一个人的人生观、意志品质、道德修养、行为习惯。叶圣陶先生也曾说过，"国文教学的目标，在养成阅读书籍的习惯"。语文教学要提高学生的语文素质，关键要提高阅读教学的质量。传统的语文教学形式是：教师阐述文章内涵，学生理解背诵，学生学得死板。中央教育研究所章熊先生在《写给年轻的朋友们》一文中谈道："语文教学改革如果不建立在传统经验的基础上，它是没有生命的……传统经验如果得不到科学的分析，它也是不能结果的。"这就说明了传统语文教学重视阅读大方向是正确的，古语说：熟读唐诗三百首，不会作诗也会吟。语文教师的职责就是让学生达到"自能读书""自能作文"的境界，教师必须对阅读教学有更新的认识，本文拟从以下三方面来与同行探讨。

## 一、阅读是一种独立的语文能力

传统的语文教学观念认为，语文能力就是听说读写，其中听说读三种能力的培养都是为了提高写作能力，这种观念有失偏颇。阅读教学是促进学生全面发展的基础，阅读教学是教师带领学生进入文章之中，通过形象感受，领略艺术胜境，披花拂柳，曲径通幽。现代语文教学虽然可以借助影像手段，对学生的感官产生更直观、更形象的刺激，但是阅读是不可缺少的，也是其他手段不可替代的，电影、电视作品《红楼梦》就无法与小说《红楼梦》相提并论。例如，小说中描写王熙凤形象的语言是"一双丹凤三角眼,两弯柳叶吊梢眉。身量苗条,体格风骚,粉面含春威不露,丹唇未启笑先闻"。让人感到惟妙惟肖,拍案叫绝,人物性格鲜明,巧语逢迎,能说会道,在贾府上下与众不同,人物活生生地站立在我们的眼前,这是画面所无法展现的,这是语言文字所特有的神韵。再如电视剧《围城》是一部改编比较成功的影视剧,但是观众仍享受不到小说《围城》语言的精彩之处,其中小说的开头就让人忍俊不禁,小说写到主人公方鸿渐坐船回国时中途上岸找到一家西餐馆吃饭,有这样一段:"便找到一家门面还像样的西餐馆。谁知道从冷盘到咖啡,没有一样东西可口:上来的汤是凉的,冰淇淋倒是热的;鱼像海军陆战队,已登陆了好几天;肉像潜水艇士兵,会长期伏在水里;除醋之外,面包、牛油、红酒无一不酸。"语言幽默风趣,把一家质量低劣的餐馆菜肴形容得非常贴切,不愧为语言大师的杰作。

阅读教学要重点把握形象感受,让学生充分掌握形象感受的方法,学会独立阅读,激发对作品艺术形象的审美情趣,让艺术作品那耀眼的光泽在学生的眼中闪耀,通过想象、比较、揣摩、情景等方法来唤起学生相应的记忆、经验,把作品的艺术魅力充分展现出来。例如,《红楼梦》中写到林黛玉从傻大姐嘴里得知宝玉将和宝钗成婚的消息时,有这样一段:"黛玉此时心里竟是油儿酱儿糖儿醋儿倒在一处的一般,甜苦酸咸竟说不上什么味儿来了。停了一会儿,颤巍巍的说道:'……你去吧。'说着,自己转身要回潇湘馆去。那身子竟有千百斤重的,两只脚却像踩着棉花一般,早已软了。只得一步一步慢慢的走将来。走了半天……却又不知不觉的顺着堤往回里走起来。"这一段把人物心理的痛苦淋漓尽致地刻画了出来,教师可以让学生用形象感受的方法去体会,阅读的教学效果就达到了。这种体验要比影视直接给人形象更好,因为有一千个读者就有一千个哈姆雷特,阅读可以给人无限的回味余地。

## 二、阅读能力是听说写能力的基础

阅读有了基础,并养成了习惯,就可以对一个人的听力理解起帮助作用,所谓"听话听音,锣鼓听声"就是这个道理,阅读作品多,领悟感觉好,弦外之音、言外之意就能感受出来。文章的妙处在于阅读者可以通过阅读学到各种表现手法。例如,明代冯梦龙编撰的《笑府》中有这样一段:"有自负棋名者,与人角,连负三局。他日,人问之曰:'前与某人较棋几局?'曰:'三局。'又问:'胜负如何?'曰:'第一局我不曾赢,第二局他不曾输,第三局我要和,他不肯罢了。'"此人说话采用委婉的方法,说得非常巧妙,听者也能辨音会意。

书读得多,自然变得能说会道,当代著名作家贾平凹嗜书如命,在文学创作道路上可谓是一个成功者,他每有稿费都用于购买书籍,当记者问到他这个问题时他说:"一定要把书看重,什么都不要眼红,但要眼红读书……要学会逼自己静心读书,深知书中精义。好读书的人能说天地之大,能晓人生之难,有自知之明,有预料之先。不为苦而悲,不受宠而欢,寂寞时不寂寞,孤单时不孤单,所以绝权欲,弃浮华,潇洒达观,于嚣烦尘世而自尊自重自强自立不卑不畏不俗不诡。"一段说辞妙语连珠,佳句频出,无说教之味,而有活泼之气,这也充分说明阅读多,积累多,就可避免"口讷",成为"善侃"。阅读教学中欣赏名人名著时就可以贯彻这一点。

与阅读教学关系最紧密的还是"写作情结",人经常阅读,可以形成一种语感,可以模仿,同时也可以养成善思的习惯,自然也可以提高写作水平。吕叔湘先生说过:"语文的使用是一种技能,一种习惯,只有通过正确的模仿和反复的实践才能养成。"正确的模仿就是要在阅读基础上大量积累,写作时就能左右逢源,得心应手地引用。吴晗《谈骨气》一文就引用孟子的名言:"富贵不能淫,贫贱不能移,威武不能屈,此谓之大丈夫。"全文就以这为主干、灵魂,一气呵成,精髓透彻。阅读同时还要培养观察力、创造力、思索力,人物的写作才能有特色。我们欣赏文学作品中的人物,如《三国演义》中刘备的形象是"生得身长七尺五寸,两耳垂肩,双手过膝,目能自顾其耳,面如冠玉,唇若涂脂。"张飞的形象是"身长八尺,豹头环眼,燕颔虎须,声若巨雷,势如奔马。"关羽的形象是"身长九尺,髯长二尺;面如重枣,唇若涂脂;丹凤眼,卧蚕眉;相貌堂堂,威风凛凛。"三人长相各具特色,性格也从描写中展现了出来,让人过目不忘,意犹不尽。学生通过阅读积累知识,仔细观察,可以写出生活中熟悉的人物,如父母、兄妹、同学、朋友,把他们写活。法国著名作家莫泊桑的老师福楼拜在教写作时要求学生既要读书也要观察,要求莫泊桑观察一堆篝火直到看出与别的篝火不同时才能停止,说明阅读与实践结合起来就能大见成效。

### 三、阅读教学必须精读与略读相结合

阅读有精读与略读之分,两者不能偏颇,现行的教材已有精读与略读课文的区分,精讲课文就要反复讲解,咬文嚼字,仔细品味。杜甫说过,"熟能通其窍,精能尽其妙"。朱自清的《荷塘月色》表现作者淡淡的哀愁和淡淡的喜悦,给人一种永恒的境界,特别是文章的景色描写给人一种审美情趣,"曲曲折折的荷塘上面,弥望的是田田的叶子。叶子出水很高,像亭亭的舞女的裙。层层的叶子中间,零星地点缀着些白花,有袅娜地开着的,有羞涩地打着朵儿的;正如一粒粒的明珠,又如碧天里的星星。"真是风姿绰约,把景物的情态拟人化,变成人

的各种情态,美不胜收。宗璞的《西湖漫笔》也是一篇美文,作者访灵隐、步苏堤、游黄龙洞、观屏风山、探九曲十八涧、赏花港观鱼,围绕探美,灵隐"道旁古木参天,苍翠欲滴……飞来峰上层层叠叠的树木,有的绿的发黑……峰下蜿蜒的小径,布满青苔,直绿到了石头缝里",花港观鱼"那是满池的新荷,圆圆的绿叶,或亭亭立于水面,或宛转靠在水面,只觉得一种蓬勃的生机跳跃满池"。文章把西湖那醉人意韵"绿"写得极有层次,把立体的美、动态的美、情趣的美勾画得"山色湖光步步随",给人一种活泼的生机和茁壮的生命力。精读就是要把握文章的精髓,理解作品的蕴涵,分析作品的特色,鉴定作品的价值,了解作者的感情,进入作品的境界。精读的书必须是典范作品。中外名著就是需要精读的作品。

略读是知识广博的需要,我们提倡博览群书,对古今中外、文史经哲、诗词歌赋、时事政治、科普读物、自然科学论著等都应该见识一番。诺贝尔化学奖获得者鲍林认为,"能力同一个人所读的书的多少有着密切的关系"。在我们的学习、工作中精读是基础,略读是应用,鲁迅的作品我们精读了《阿Q正传》《狂人日记》,了解了鲁迅作品的特色,我们就应该自己阅读鲁迅小说集《呐喊》《彷徨》,书店和图书馆是略读的好地方。毛泽东少年时期就读过许多书,几乎把乡下所能找到的书都读遍了,后来又在北京大学图书馆读到很多书,把目标集中在寻求革命真理上,终于找到了马克思主义,并运用于中国革命实践之中。人们很佩服《燕山夜话》的作者邓拓,他知识广博,被人誉为"小百科全书",这么多知识的积累原来是作者在十几岁时在图书馆和旧书摊上读到和摘录的。略读教学也需要教师作一些指导,为学生开具一些书目,每学期都应该至少读文学名著三至五部,教师可以开设讲座,如"说不尽、道不完的《红楼梦》""《水浒传》人物面面观"等话题,都会激发学生的阅读兴趣,提高学生的阅读水平。阅读能力也是现代考试的重点,所以必须搞好阅读教学。

阅读是人类摆脱野蛮进入文明的一种社会行为,是人类能动地认识世界的精神活动,人们丰富知识,扩大视野,提高修养,发展智力,继承文化财富,服务社会,无不需要阅读能力的提高。书籍是阳光、雨露,就要靠阅读去汲取;书籍是探测世界的窗口,就要靠阅读去作望远镜和显微镜;书籍是一座知识的宫殿,就要靠阅读这把金钥匙;书籍是人类发明创造的契机,就要靠阅读去点燃导火线。书中自有黄金屋,让我们爱书吧,培养独立的阅读能力,从而全面提高自身的语文素质。

一九九七年十一月五日

# 财经应用文写作教学管窥

**摘 要：** 随着社会经济的发展，高职院校应用文写作教学越来越受到重视，财经应用文写作教学对财经类专业学生实践和创作能力的提高起着决定性作用。应用文写作教学过程中要抓住重点，激发学生兴趣，理论联系实际，提高财经应用文写作教学的质量。

**关键词：** 写作教学；财经应用文；教学方法

财经应用文写作是一门实用性很强的基础课，各专业学校普遍开设了这门课程。随着经济的发展，应用文的种类越来越多。初涉财经应用文写作这门课程时，发现若按教材的模式上课效果极差，教师上课舌燥，学生学习枯燥。究其原因有三：一是学生以前所学基础写作比较生动曲折，面对枯燥乏味的一篇篇应用专业文书，不免眼高手低，提不起兴趣；二是教材体例单调，所有文种的内容安排均按照"定义＋作用＋分类＋格式＋要求＋范例"体例；三是学生生活中遇到的专业应用文较少，无感性体验，往往纸上谈兵。陶行知说过，"教学做合一"。为了提高应用文教学的效果，笔者反复琢磨，立足于用，设计出切实可行的教学方法，尽可能抓住重点，突破难点，高瞻远瞩，联系现实，让学生领略到应用文天地里的"无限风光"。

在财经应用文写作教学中自始至终把握两个重点：格式和表达。应用文形式上最大的特点是程式必须规范准确，不求辞章流彩，而求表达流畅。教师只要配以活泼多样的教学方法，注入一些新鲜的内容，通过比较、引用、评述、改错等途径，就可以变枯燥为有味，化单调为新奇，使理论和实际相结合，真正提高学生写作财经应用文的能力。

## 一、分析研究教材，适当删除补充

应用文写作教材所选文种主要有两类：通用文书类和专业文书类，前者包括行政公文、简报、计划总结、规章制度等事务性常用应用文；后者包括财经类应用文，有广告、招标公告和投标书、经济合同、经济预测报告、可行性研究报告、建设项目评估报告、经济活动分析报告、审计报告书、经济纠纷诉状等。还有一些其他专业文种,如司法应用文、新闻应用文、科技应用文。教材中有些内容陈旧,如行政公文,从1994年1月起已经按照新的公文处理办法及要求来写作,而教材中的例文依然是旧体,教师必须按照新的要求讲授,所以要补充新例文。另外,常用应用文中讲授了书信,并涉及表扬信、感谢信、介绍信、证明信、邀请书、申请书、倡议书等日常生活中时常会遇到的应用文。为了激发学生的学习兴趣,充分备课,补充了一些经典例文,如唐代大诗人白居易的"一封邀请信"别具一格:"绿蚁新醅酒,红泥小火炉。晚来天欲雪,能饮一杯无?"(《问刘十九》)用五言绝句写的邀请书自然天成,让人感到盛情难却。结合学生面临毕业,增加了应聘书的写作,介绍了李白的"一封自荐信"《与韩荆州书》及当代一些成功的应聘书。学生听了很受启发,他们明白了不能等伯乐来相马,而要学会毛遂自荐。他们意识到了这样一个现实:如果死守"酒香不怕巷子深"的老教条,会出现"一坛佳酿锁深巷"的遗憾,所以要通过自荐,让用人单位根据自身的特长来选拔自己,从而更好地发挥自身的专长。还介绍了启事、声明、各类条据,这些都是学生很感兴趣的内容,让学生掌握规范的格式和正确的表达,将来学生在工作生活中都会派上用场。

## 二、力求教法多变,激发学生兴趣

在应用文写作教学中采用了比较、评述、改错等方法,如将调查报告和总结两个文种放在一起进行对照:调查报告以第三人称去表述,总结以第一人称去表述;调查报告从具体事实归纳为经验或教训,而总结往往先述观点再举例说明。之后,让学生就自己十多年来的人际关系写一份总结;另拟订"学生零花钱使用情况""学生上学交通情况""学生参加社会实践情况""学生家务劳动情况"等十类题目,让每个学生就自己班级现状作调查,写出一份调查报告。最后教师进行评述。

笔者在财经应用文写作教学中经常安排改错的内容,即"应用文病文病句问诊法"。例如,"经济合同"中大到遗漏条款内容,小到标点符号用错、语序不正确都会造成直接的较大的经济损失。某合同上就有这样一句:"二平方尺、有剪刀痕的羊皮不要。"仅仅一个顿号的错误,就造成了上千万的损失,因为二平方尺是要的,但是后面是顿号就变成不要了,发货方给予的都是羊皮边角料,合同上有清楚的表述,所以损失无法挽回。在教学"经济合同"这一文种时,修改了多篇错误百出的经济合同,让学生了解到经济合同的重要性,在签订合同时决不能掉以轻心。并举例《鲜木薯购销合同》《茶叶购销合同》《建筑工程承包合同》等,还针对病文程式缺陷和语言运用的不严谨进行分析,找出病症所在,如"引文格式不规范""数字表述不规范""内容的层次紊乱""语言不简明扼要"等,学生进一步掌握了经济合同的写作要领和注意事项,学会了对照要求,撰写简单的经济合同。

### 三、立足当前形势,理论联系实际

经济的发展日新月异,财经应用文写作教学也要面对经济发展的新动向,把新事物注入课堂教学中,让学生学会理论联系实际。在教学"简报"这一文种时,让学生查阅经济类杂志,编写最新的"金融简报",并选择优秀的作业张贴在教室中展览交流。超级市场层出不穷,让学生对周边进行调查,完成"超市发展前景分析"。城市高楼拔地而起,让学生完成"苏州市房地产市场前景预测报告"。学校规划建设室内体育馆,虽然还未设计好,让学生学习写"学校室内体育馆工程招标公告",学生对体育馆的功能提出了很多的要求,有些设想非常好。

学校毗邻苏州工业园区,正在进行规模性的开发,笔者让学生学会"规划"的写作,希望发挥他们的想象能力,设计一封两平方公里的小区建设规划,要求有配套的商业中心、娱乐场所、学校、银行、邮局、公园等,学生既有书面文字描绘美景,又用图表画出了小区的示意图,特别标出了绿化区域,每一位学生都做了一份规划。通过与生活实际结合,既写活了应用文,又了解了家乡的经济发展情况,真正做到了理论联系实际。

总之,财经应用文写作教学不能死板地照本宣科,必须灵活多样,如果学生学完应用文写作,不再说枯燥乏味,反而觉得趣味无穷,那就是比较成功的教学。应用文写作是一门既年轻又古老的学科,很值得教师去探索,文学园地花香飘逸,应用文天地同样风光无限。

一九九六年十月二十五日

# 影视语言与语文教学

**摘　要**：随着多媒体的发展，语文教学手段越来越丰富，电影和电视作为语文文学教学的辅助手段越来越得到语文教师的广泛使用。影视有自己独特的语言表达，在语文教学中必须了解最基本的影视语言，以便更好地运用到语文教学之中。

**关键词**：语文教学；影视语言；语文画面

电影和电视已成为当今时代的大众传播媒介，语言文学本身也是一种传媒工具，在现代的语文教学中影视艺术与语文有着密切的关系，语文教师在教学中应有意识地把两者结合起来，用新的语文教学手段来进行语文教学改革，探讨语文教改新路子。目前语文教学的电化教育手段并不普及，但是随着计算机技术的不断发展，语文电化教育势在必行，所以语文教师必须具备一定的影视知识，在教学过程中采用影视语言来分析课文，会起到雅俗共赏的效果。

## 一、影视艺术语言与语文教学的关系

影视声图并茂、视听兼顾，具有极强的艺术感染力，影视有其独特的语言，特别值得语文教师借鉴，影视语言有蒙太奇、长镜头、镜头的运动和变化及其他参与荧屏画面创造的元素。蒙太奇是影视艺术中最有特色的语言，语文教师要让学生学会这一种思维方式，蒙太奇是法语 MONTAGE 的译音，是从建筑学上引用来的术语，原意是连接、装配、构成的意思，即把各种材料安装、组合在一起，用到电影电视艺术上，就是指剪辑、组合、构成等技巧，运用这些技巧使镜头产生连贯、对比、联想、衬托、悬念、快慢不同的节奏，以表达一定的思想内容。蒙太奇的出现是符合人类的思维方式和视觉规律的，平时我们经常听到爆竹声就联想到结婚、开张、庆典等喜庆的事情，这是人类的一种自然联想规律，是人类思维的一种方式。杜甫的诗"朱门酒肉臭，路有冻死骨"就是一种对比联想，也可以说是蒙太奇镜头的连接。平时我们观察事物经常有"近看、远看、仰视、俯视"等角度和范围，影视也是按照人的视觉角度采用平摄、俯摄、仰摄、悬摄等，用镜头代替人的眼睛。杜甫的七言律诗《登高》中的诗句："风急天高猿啸哀,渚清沙白鸟飞回。无边落木萧萧下,不尽长江滚滚来。"就是一组仰视和俯视相结合的镜头,出句是仰视,对句是俯视。运用这一理论,我们可以在语文分析中让学生用蒙太奇的画面组接去学习小说、诗歌、散文。特别是诗歌,诗歌的意象就是跳跃式的。台湾诗人余光中的《乡愁》就是很好的一例,"小时候/乡愁是一枚小小的邮票/我在这头/母亲在那头/长大后,乡愁是一张窄窄的船票/我在这头/新娘在那头/后来啊/乡愁是一方矮矮的坟墓/我在外头/母亲在里头/而现在/乡愁是一湾浅浅的海峡/我在这头/大陆在那头"。四段诗内容跳跃,就如同我们看到的电影镜头中展示的一个人的脚不停地走,从童年一下子就长大了,可以起到优美、生动、含蓄、深刻的表现作用。

长镜头是与蒙太奇相对的一种影视语言,由法国电影理论家安德烈·巴赞创立,它是指用一个比较长的镜头,不少于27米,连续对一个场景进行拍摄,形成一个比较完整的段落,有固定长镜头、变焦长镜头、景深长镜头、运动长镜头四种。夏衍的报告文学《包身工》就很好地运用了长镜头的理论,"清晨四点一刻,天还没亮,睡在拥挤的工房里的人们已经被吆喝着起身了"。接着采用景深镜头:"一个穿着和时节不相称的拷绸衫裤的男子大声地呼喊:拆铺啦!起来!接着又下命令似地高叫:芦柴棒,去烧火!妈的,还躺着,猪猡!"画面感觉特别强,课文接着写七尺阔、十二尺深的工房里横七竖八躺着的十六七个被骂作"猪猡"的人起床的混乱场面,作者在写作时就有意识地采用镜头运动的画面,似乎就是一部电影画卷在向读者展开,采用镜头的运动,有推、拉、摇、移、跟、升、降等方法,把包身工的真实生活场景展现在我们眼前,作者对包身工制度等内容的议论就如同电影的画外音,起到了画龙点睛的作用。

## 二、影视艺术语言与语文教学的结合

了解了影视艺术语言与语文教学的关系,在教学中就可以有目的地用影视特定的语言贯穿在我们的语文教学过程中,在课堂上分析文章,培养学生的语文学习兴趣。特别是银幕和银屏上的视觉形象是由演员的动作、台词展现的,还有色彩、光线、音乐、效果、声音等多因素的刺激,会引发学生的情感和想象,学生很容易进入艺术欣赏的境界。例如,在讲授《林黛玉进贾府》课文时,就可以让学生先预习课文,并组织学生观看电影《红楼梦》或电视剧中的相关内容,然后通过讲解镜头来分析文章,先采用长镜头,让林黛玉去观察贾府的环境和人物,特别是贾府的关键人物。接着把镜头推近,运用特写镜头来展示人物,王熙凤、贾宝玉、林黛玉出场镜头停留的时间较长,给学生留下了深刻的印象,学生就可以把原著中的文字与镜头进行比较,会产生较好的教学效果。看电影注重人物的表情、动作和语言,读课文注重对人物的外貌描写、动作描写和语言描写,尤其精彩的如王熙凤的出场,课文是这样写的:"只听后院中有人笑声,说:'我来迟了,不曾迎接远客。'黛玉纳罕道:这些人个个皆敛声屏气,恭肃严整如此,这来者系谁,这样放诞无礼。"从电影中我们看到未见其人,先闻其声,幕后就传来清脆的声音,而幕前气氛紧张,一点声音也没有,银幕上更加直观。接着课文写到人物的外貌时非常精彩:"一双丹凤三角眼,两弯柳叶吊梢眉。身量苗条,体格风骚,粉面含春威不露,丹唇未启笑先闻。"生动地刻画了人物的外形和性格特征,银幕上人物的造型就是依据这几句设计的,演员一举手一投足表情都十分丰富,较好地体现了原著的内容。

　　苏联电影理论家弗雷里赫在《银幕的剧作》一书中写道:"电影可以说是发生在其他艺术的交叉点上。它同绘画和雕塑的相近在于视觉形象的直接感染力;同音乐的相近在于通过各种音响而构成的和谐感和节奏感;同文学的相近在于它能通过情节反映现实世界的一切联系和关系;同戏剧的相近则在于演员的艺术。"从中我们不难看到,艺术是相通的,影视艺术从画面引发感情,从画面感受人物,影视艺术的各种因素可以帮助我们进行语文教学改革,使语文教学更贴近现实生活,帮助学生挖掘人生哲理。语文教师要自觉主动地提高自身的影视文化和影视艺术修养,采用现代化的语文教学手段,学会操纵、使用各种电教设备,指导学生欣赏并写好影视评论,使语文教学手段多样、形式多样、内容多样。

一九九八年四月十一日

# 让兴趣成为最好的老师

## ——语文写作教学浅谈

**摘　要**：如何激发学生写作的兴趣是语文教师需要特别思考的问题。教师应引导学生多观察生活、系统地进行指导、适当补充课外资料,学生的写作积极性提高了,写作教学也就不再成为难题。

**关键词**：写作教学；提高兴趣；寻找方法

语文能力中听说读写,以写最难。看到别人写出来的佳作爱不释手,轮到自己去写却绞尽脑汁,思维枯竭。笔者在写作教学活动中不断摸索教学方法,及时调整教学内容,获得了较为满意的效果,现与同行共同探讨。

### 一、研究教材内容,激发学生写作兴趣

笔者发现,若采用传统的教学方法,照本宣科,讲知识、学范文、做训练,学生并没有特别的反应。笔者尝试改变方法,一次以"我的老师"为题要求学生描写人物外貌,学生一下子踊跃起来,把他们几位外形极有特征的任课老师写得十分生动传神:"历史老师长着一对硕大的招风耳朵,瘦高个,上课时长长的手臂一舞动,那生动的历史故事、历史人物便深深地吸引着我们。""体育老师人高马大,站在他的旁边会感到自己特别渺小,那一米九六的个儿足以镇住我们班级那些调皮的学生。但老师与我们一起打球时竟能灵活地跑动、穿插,让我们好不惊讶。""物理老师上课让人感到亲切、慈祥、和蔼,他中等个儿,中等年纪,讲到得意处每每会发出爽朗的笑声,特别动人。"……下课铃声响了,学生们仍踊跃发言,仍沉浸在思维的兴奋阶段,每个学生的脸上洋溢着跃跃欲试的表情,这堂课收到了意想不到的效果。故教师要让写作教学课生动,要把学生的兴趣激发出来。

### 二、注重系统训练,激发学生写作兴趣

写作知识的接受并不难,难的是化理论为实践。笔者设计了从词汇到句

子、从片段到整体、从口头作文到书面作文、从小作文到大作文、从课堂作业到课外阅读的练习,在培养学生写作能力的同时,培养他们的写作兴趣。例如,句子训练,选一些名篇中的精彩句子让学生接下半句,周立波的长篇小说《暴风骤雨》中有这样一句:"瞅,那匹红骠马跑起来……"省略号是一句比喻,让学生动脑筋,学生的回答有"像离弦的箭""像飞一样""像一颗流星划过天空"等,最后揭开谜底,原作者写的是"脚像不沾地似的",并讲解作者所打比喻的精妙之处。结合名著片段欣赏,让学生做片段练习。例如,以炎热的太阳、漆黑的夜晚、晴朗的天空、绵绵的细雨、喧闹的早市、邻家一个胖娃娃、自画像、考试前等为话题,让学生有话可说,有话可写,无须再挖空心思,然后在课堂上引出名人佳作对照欣赏,学生的写作能力得到了较快的提高。

### 三、补充课外材料,激发学生写作兴趣

要激发学生兴趣,就不能停留在书本的范文上,因为书本的范文时代遥远,与现实生活有一段距离,学生年轻,特别喜欢新事物,老师就要注意接受新知识,多了解学生的阅读内容,尤其反映学生生活的报刊,可以指导学生阅读并借鉴写作。在备课过程中,笔者注意读一些艺术性、思想性都突出的作品,向学生推荐如《新华文摘》刊登上的一些优秀的作品,如《共处》《原始股》等,《读者》的《我与地坛》《夏令营中的较量》,学生也拿出一些作品让笔者在课堂上讲解,课堂气氛十分活跃。

### 四、耐心点拨品味,激发学生写作兴趣

学生的写作兴趣的保持还要靠教师的耐心点拨,学生一般喜欢阅读通俗作品,可给学生打一比喻:"读通俗小说,一味追求情节,犹如一个十分口渴的人一下子喝一大杯白开水;而读名著犹如人们品尝好的茶叶,需要细细品味,才能悟出真味。有时要反复阅读,阅读可以促进写作。"笔者向学生介绍了鲁迅笔下的人物阿Q、祥林嫂、狂人、闰土等,介绍了《水浒》中的人物林冲、李逵、武松等,介绍了《红楼梦》中的人物贾宝玉、林黛玉、王熙凤等,通过这些内容的讲解,把学生的写作积极性更充分地调动了起来。

### 五、选好命题作文,激发学生写作积极性

出题让学生写作文也是有讲究的,题目必须是学生熟悉的事物,写他们的真情实感。为了让学生写好作文,笔者利用课余时间组织学生参观了苏州民俗

博物馆、苏州戏曲博物馆、藕园等,然后让学生分两步写,第一步写初稿,并选择一部分学生的作文进行交流,一起提出修改意见,提倡构思新颖、语言生动的文章,写"苏州戏曲博物馆参观记"时,有一位学生让时光倒流,文章生动奇特。第二步再修改,最后正式成文,学生的作文水平明显有所提高。在命题作文的写作中给学生留下一定的自由度,如《春天的故事》题目,学生选择余地非常大,而且文体可以自由选择,可以是记事的记叙文,还可以是记人的记叙文,还可以是写景的散文。笔者曾经让学生做过转换写作的练习,将说明性的句子"一个乞丐从地下拾起一枚小钱。"改写成描写性的句子,学生会把乞丐的神态、动作和心理细腻地描写出来,在命题作文练习过程中学生的兴趣始终高昂。

语文教学蕴涵着丰富的能量,写作教学是这一能量的集中点。学生对知识的掌握是否扎实,对语言的运用是否正确,对社会现象的思考是否深刻,都可以通过作文来体现,因此语文老师要特别重视作文教学,激发学生的写作兴趣,以达到学好语文的目的。

一九九六年三月十七日

# 美感与意境

## ——中师语文结合美学教育点滴

**摘　要**：美学是一门边缘性学科，与语文教学密不可分，在语文教学中时时处处会设计美学内容，审美体验中的美感就是语文教学需要关注的内容，诗歌、散文欣赏中的美感和意境需要教师引领学生去体验，如何在语文教学中渗透美学知识值得语文教师探讨。

**关键词**：语文教学；美感；意境

美感是美学研究的重要内容，是指审美主体对审美对象的主观感受，是对事物的观察、体验、理解和判断。它是一种由审美对象所引起的复杂的心理活动和心理过程，包括人的知觉、想象、情感、思维等因素。审美对象必须对人有移神夺目的吸引力，审美主体通过视觉和听觉直接面对审美对象，就会进入审美境界，从而产生美感。

意境是指作品中的艺术形象和情调。"意"就是作品所写的情意，"境"就是作品所写的景物，两者不是分开的，实际上作品中描绘的生活图景与表达的思想感情已经交融在一起了，即情景相偕，景中有情，情中有景。例如，杜甫《春望》诗句"感时花溅泪，恨别鸟惊心"，花鸟皆寓作者之情，作者对离乱的怨恨之情寓于景物之中。而作品完成情景交融的过程就是一次审美过程，一次产生美感的过程。

由此观之，美感与意境是有密切联系的，要创造优美的意境就得进行审美，过去语文教学一味分析课文，将一篇篇完整的作品剖析得支离破碎，索然无味，语文课像解剖课，优美的作品全然失去了艺术魅力，失去了美感。笔者觉得课文中那一篇篇感人肺腑、动人心魄的诗文要真正使学生受到感染，就必须让学生学会审美，这样才能获得身临其境的感受。

在语文教学中如何进行审美教学呢？教师可以抓住精彩之处进行点拨，由浅入深。例如，笔者讲授现代抒情诗《一月的哀思》一文时，向学生讲清作者为我们创造的悲壮、肃穆的意境时，学生自己能感受出的一个场景就是诗的主旋律："车队像一条河，缓缓地流在深冬的风里……"气氛沉重、情绪悲痛，作者缘情写景,情景结合。教师接着带领学生欣赏"残阳如血啊,映着天安门前——低垂的冬云,半落的红旗……",这几句烘托了总理光辉的、壮丽的一生,作者用高超的、提炼的手法,将不适合抒情的景物改造成抒情的景物,"残阳如血"是作者虚构的景色,而作者自己认为,用如血的残阳辉映半落的红旗,用意是避开把送别的场面写得过于暗淡和悲凉,增加壮丽的色彩,使在悲痛的气氛之中更增加高昂的情绪和壮丽、肃穆、奇丽的色调,这样处理造成的情绪和色调有助于衬托总理伟大光辉的一生。这样一来,学生对诗中环境的审美感受所获得的情景交汇的意境是鲜明的、强烈的。

古诗的意境往往是很深邃的,平常之景在作者的诗文中就变得与众不同。例如,讲授陶渊明的《归园田居》二首,就得从他由黑暗的官场退隐到清新的田园,面对方宅草屋、榆柳桃李、傍晚的村落、墟里的炊烟、深巷的狗吠、桑树的鸡鸣、小道的草木、沾衣的夕露,陶渊明感到欣喜,故而这些司空见惯的农村风景融入了作者的理想、感情,作者感受到了一个安谧、自然的环境,诗句中流露出对劳动生活怡然自得的态度。学生们也归纳出课文优美的意境是淡泊宁静的。

宗璞的散文《西湖漫笔》是典型的山水审美文章,作者的审美感受在文章中的表露是显而易见的。作者把对祖国的爱移情于山水,借境抒情,把自己游赏西湖的主观的独特的审美感受一个"绿"字、一个"变"字写了出来。与游记散文《难老泉》《雨中登泰山》等不同,不是按游踪一处处写来,而是总体的鉴赏。重点指导学生感受"绿"的内容,作者写的灵隐绿色具有立体美,"绿意扑眼而来""连飘着的雨丝儿也是绿的。""道旁、峰上、峰下、亭边,高低错落,浓淡相间,格外好看。"又写苏堤具有情趣美,"莽莽苍苍""绿茸茸""石上布满青苔,形态各异,情趣盎然,"进一步感受那又轻又软又细又密又嫩的绿苔,无疑给人坚忍不拔的感觉。花港绿具有动态美,写新荷"立""靠""跳跃""飞扬""起舞",生机勃勃,有着茁壮的生命力。文中还点了三处绿,"黄龙洞绿得幽,屏风山绿得野,九曲十八涧绿得闲"。西湖的景是不同的,作者却写了共同的特点"绿",但又"绿"得不一样,最后学生们都感受到了遨游山水,能得山水情趣,获得审美享受,陶冶性情,净化灵魂,与作者产生共鸣:沐浴祖国山水,激发热爱之情。

讲与练应该并举,学山水小品《与朱元思书》,笔者让学生讲解作者吴均对富春江景色的审美感受,可先简单介绍作者的境遇,吴均出身寒门,而封建门阀制度规定这样的人即使有才也不能有较高的地位,他的心头总有一缕隐隐的哀怨之情。学生通过分析文中"碧绿的水,清澈见底""两岸的山,千姿百态",尤其感受大自然的声音:泉水激石,好鸟对叫,蝉啭猿啼,一曲自然界的交响曲。

在这优美的境界中带上作者的感情色彩,作者谈山之高、林之幽、谷之深,暗喻功名不就、仕途不达的情绪,唯有天下独绝的胜景可以寄情,情景相融。学生已掌握了简单的审美文章的方法。

语文教学走与美学结合的道路,笔者认为是可行的,教师必须具有审美意识,再指导学生分析课文中的审美感情,注意语文教学的审美趣味,学生一定能从作品中感受到美感,从而去追求美、鉴赏美、创造美。

一九九四年九月十六日

职业教育
探索与思考

# 提升五年制高职青年教师科研能力的策略研究

**摘　要**：五年制高职院校培养和提升青年教师的科研能力是打造高素质教师队伍的需要，也是青年教师自身发展的需要。青年教师科研能力的提高必须要经过全方位、长期的不断学习和实践才能完成。学校采取多种措施培养青年教师的科研能力，让青年教师充分应用现代教育手段和方法，把先进的教育理念、教育思想转化为教育行为。

**关键词**：高职院校；青年教师；科研能力；策略研究

随着我国职业教育的快速发展，职业教育改革和创新的力度越来越大。2014年国务院下发《关于加快发展现代职业教育的决定》（国发〔2014〕19号）明确指出："建设'双师型'教师队伍。完善教师资格标准，实施教师专业标准。健全教师专业技术职务（职称）评聘办法，探索在职业学校设置正高级教师职务（职称）……加强职业教育科研教研队伍建设，提高科研能力和教学研究水平。"同年教育部等六部门也下发了《关于现代职业教育体系建设规划（2014—2020年）的通知》，指出要"探索职业教育师资定向培养制度和'学历教育+企业实训'的培养办法。完善教师培训制度。建立职业院校教师轮训制度，促进职业院校教师专业化发展"。文件对现代职教制度、人才培养模式、校企合作办学等不同于以往传统职业教育的内容提出了新的要求，这些都需要高职校的教师对现代职业教育有新的认识，还要有较强的创新意识、较强的研究能力，能够对相关专业就业岗位和岗位群进行分析，设计相应的课程体系。职业院校的青年教师是职业教育需要大力培养的生力军，他们大都经过高等教育的系统学习，思维活跃，是学校的未来与希望，青年教师的整体素质如何，将决定高职院校发展的前途和命运。为了加强高职院校的内涵发展，必须提升青年教师的科研能力，创造有利于青年教师队伍建设的体制与环境，形成一支相对稳定、结构合理、素质优良的教师队伍。据统计，三十五周岁以下的青年教师已经占五年制高职院校教师的65%左右。要把青年教师培养成具有创新精神和实践能力的科研型教师，必须培养和提升他们的科研能力。从科研管理视角来看，寻找问题症结,对症下药,制定相应的策略,是培养和提升青年教师科研能力的关键所在。

### 一、影响青年教师提升科研能力存在的问题

(一) 青年教师教学任务繁重,科研意识薄弱

目前五年制高职院校的青年教师缺乏职业经历,缺乏教学和科研经验,在科研能力的提升过程中遇到了很多问题,对部分五年制高职院校青年教师的科研情况进行的问卷抽样调查,其数据显示:青年教师承担的教学任务比较繁重,每周12~16节,每年课时总量为480~640节,每年参加培训和下企业锻炼的课时数为150~220节。同时,担任班主任、辅导员,本人还需参加或辅导学生参加技能大赛(表1),任务十分繁重。他们参加课题研究积极性不高,科研意识薄弱。

表1 五年制高职院校青年教师工作量和科研情况调研统计表

| 入职年限 | 周课时数 | 年工作总量 | 年参加培训课时数(含下企业锻炼) | 发表论文数 | 参加课题研究数 | 担任班主任、辅导员 | 本人参加或辅导学生参加技能大赛 |
|---|---|---|---|---|---|---|---|
| 入职3年以内(含3年) | 12 | 480 | 220 | 0.64 | 0.02 | 是 | 是 |
| 入职5年以内(含5年) | 14 | 560 | 190 | 1.02 | 1.13 | 是 | 是 |
| 入职8年以内(含8年) | 16 | 640 | 170 | 1.35 | 1.54 | 是 | 是 |
| 入职10年以内(含10年) | 14 | 560 | 150 | 2.07 | 1.23 | 是 | 是 |

(二) 青年教师教学缺乏反思,研究无法切入

五年制高职院校青年教师在教学中采用的教学方法主要是讲授法、讨论法、演示法、案例法和启发法,各校要求青年教师每年至少开设1次公开课,学校为培养青年教师,采取了青蓝结对的办法,让老教师一对一带领青年教师,让青年教师迅速成长(表2)。但这些大多流于形式,青年教师普遍对教学不能进行深入思考,发现问题的敏锐力不够,找不到研究的切入点。青年教师长期接受强制性注入式教育,好奇心和想象力受到严重的限制,他们在遇到一切似是而非、似懂非懂的问题时,并不是动脑思考,而是习惯于忙着从书中寻找答案,不能主动探究问题的本质。

表2 五年制高职院校青年教师课堂教学情况调研统计表

| 入职年限 | 教学方法 | 每年开设公开课 | 参加教研活动 | 课外教学辅导 | 青蓝结对 |
| --- | --- | --- | --- | --- | --- |
| 入职3年以内（含3年） | 讲授法、讨论法 | 1 | 12 | 6.3 | 是 |
| 入职5年以内（含5年） | 讲授法、演示法、讨论法 | 2.5 | 13 | 7.2 | 是 |
| 入职8年以内（含8年） | 讲授法、演示法、讨论法、案例法 | 2.8 | 10 | 8.4 | 是 |
| 入职10年以内（含10年） | 讲授法、演示法、讨论法、案例法、启发法 | 2 | 11 | 8.35 | 是 |

（三）青年教师教学能力不足，科研能力低下

目前五年制高职院校科研氛围不浓，学校的科研管理体制也不利于充分调动青年教师的积极性和创造性，一定程度上抑制了青年教师的科研欲望。他们普遍感到科研工作难度大，对开展课题研究没有底气，没有自觉的问题意识，不会用问题导向去申报课题。青年教师的科研意识薄弱，科研能力较低是普遍现象。从高职教育发展来看，培养和提高青年教师的科研能力，既是学校发展的需要，也是教师自身发展的内在要求。学校有必要构建比较完善的机制，多方形成合力，使得青年教师快速走上科研之路。提高青年教师的科研能力对于高职教育的健康、持续发展及教师综合素质的提高具有不可替代的重要作用。

## 二、寻找提升青年教师科研能力的途径

科研能力是指一个人在其所从事的专业中，以科学的思维和适当的方法，对问题进行科学探索的能力。教师既要掌握"应该教的知识"，又要掌握"如何教知识"的方法。从某种意义上讲，教师专业发展的过程就是支撑教师专业的知识体系不断更新、演进和丰富的过程。教师的科研能力主要指基础性能力和发展性能力。基础性能力包括教师的自我学习能力、科研资料的收集能力、科研成果的表述能力。发展性能力包括科研选题能力、科研信息加工能力、科研动手实践能力、科研质量分析能力和评价能力以及科研成果的推广和应用能力。

（一）教育观念引导，激发青年教师科研意识

组织青年教师学习教学理论，转变旧观念，树立适应新教学形势的观念，加深他们对教育教学规律的认识。通过聘请一些专家学者来校做学术报告或介

绍教育改革的信息,引导青年教师克服教育科研工作畏难情绪,提高对教科研的认识,让他们自觉地参与教科研工作,积极成长为研究型的教师。在新的时期,要及时将现代职业教育的理念传达给青年教师,并帮助他们提高认识,尤其要结合国家对职业教育发展的规划,让青年教师学会规划自己的专业成长道路。让青年教师从对教学的思考形成科研的自觉行为,激发青年教师的科研意识,培养更多的研究型教师。

(二)特色课题引路,吸引青年教师投身科研

请有经验的老教师帮助列出课题研究目录,辅导青年教师,结合五年制高职院校的教学热点、难点、焦点问题申报选题。青年教师在特色课题的引领下,不断思考、不断钻研,从校级课题入手,按照问题导向原则,寻找有深度的问题深入挖掘,再申报市级课题、省级课题等,积极投身到教学科研之中,成长为专家型的教师。

(三)系统培训指导,强化青年教师科研能力

无论是论文的选题和撰写、课题的申报,还是课题研究过程中的一些细节,教研组团队、课题组团队对他们进行全方位的培训指导。青年教师一进入高职院校即开始接受系统的培训,让他们少走弯路,并持之以恒,强化青年教师的科研能力。

(四)典型示范带动,提升青年教师科研水平

学校可在青年教师中选择重点培养的对象,让部分青年教师先走一步,尽快成长为专家型教师,然后树立典型,发挥榜样的作用,带动周围青年教师的成长。学校要多举办学术报告会、教学观摩会等活动,提供机会让青年教师大胆展示自我,提升青年教师的教科研水平。对青年教师中科研工作积极性高的人要给予鼓励,在进修学习、职称晋升等方面给予一定的鼓励,形成浓厚的科研氛围。榜样的力量是无穷的,青年教师整体科研水平的提升一定会有长足的进步。

### 三、制定提升青年教师科研能力的策略

针对五年制高职院校青年教师的具体情况,结合教师素质要求,探索一种有效、科学、可行的高职院校教师科研能力培养和提升的策略。通过提高青年教师的科研能力来打造高素质的教师队伍,实现教师的自我价值。

(一)设计和开展多元化的有效培训,提高青年教师的科研能力

积极开展科研培训学习,搭建教师发展平台,加强科研团队建设,组建学科

梯队和科研团队，积极鼓励青年教师加入名师团队。科研能力的培养和提升不是一蹴而就的，无论论文的撰写、课题的申报，还是课题研究过程中的一些细节的把握都需要进行全方位的培训。必须重视这项工作，青年教师的科研能力才能快速提升。可聘请行业专家来校做知识讲座、开学术报告会等。完善教师培训制度，学校培训和企业培训结合，按照职业标准，对照专业人才培养方案，积极研究，提高青年教师的科研能力。

（二）构建科学有效的科研管理机制，调动青年教师的科研积极性

健全科研管理激励机制，提高青年教师投身科研的积极性。学校科研管理部门要建立健全合理的教师科研考核制度及科研奖励制度，让青年教师从被动搞科研转化为主动从事教学科研上来，调动他们的科研主动性。规范青年教师的科研行为，使科研工作做到有章可循，有条不紊。让青年教师认识到科研工作必须要以科学的态度认真对待，严谨踏实，决不能弄虚作假，要坚决杜绝学术不端的行为。在年终考核时要对青年教师的科研成绩做出客观公平的评价，与教学评价同等对待。可以通过设立科研论文评奖、优秀课题评奖等方式，提高青年教师的科研积极性，促进青年教师更好地开展教学科研工作。

## 参考文献

［1］杨华.高职院校青年教师科研能力现状调查与提升策略［J］.教育与职业，2015，(10)：62-64.

［2］林秋雪.借用名师工作室之力解青年教师发展之困［J］.课程教育研究，2016，(3)：209-210.

［3］刘艳军.提升高职院校青年教师科研实践能力的思考［J］.科技展望，2016，(5)：337.

［4］管玮.高职院校青年教师职业倦怠状况调查——以江苏工程职业技术学院为对象［J］.纺织服装教育，2016，(6)：453-460.

［5］刘远航.高职院校青年教师科研能力提升路径研究［J］.兰州教育学院学报，2017，(2)：122-124.

［6］黎万平，冯邦军.职业院校青年教师科研能力的培养策略研究［J］.职业技术，2017，(3)：45-46.

［7］陈亚军.高职院校专任教师队伍建设现状调查与思考［J］.教育与职业，2017，(3)：77-83.

二〇一七年一月十日

# 基于现代学徒制的非遗传承人培养模式构建

## ——以苏州旅游与财经高等职业技术学校为例

**摘 要**：非物质文化遗产传承人的培养是当前我国职业教育的一项任务，将培养非物质文化遗产传承人纳入职业教育体系，在职业学校设立"非遗传承教学基地"，学校与企业深度合作，非遗大师进校参与教学，收徒传艺，整理技艺资料，开展展示活动。学校教师与非遗大师联合传授，开展对学生以技能培养为主的现代人才培养模式，改变传统的作坊式师徒传承，采用现代学徒制模式，进一步做好传承人的培养工作。

**关键词**：现代学徒制；非遗传承人；培养模式

## 一、开展非遗传承人培养的背景

非物质文化遗产是地域文化的特有资源和文化宝库。随着当前现代化进程的加快，我国非遗传承受到巨大冲击，非遗传承人的培养问题亟待解决。新的历史时期，学校教育已经取代了传统家庭或师徒传承的某些功能，成为传承和弘扬非遗传统文化的新渠道。苏州传统工艺具有悠久的历史，以行业种类全、产品质量高、艺术欣赏性强等特点声名远扬[1]。近年来，苏州旅游与财经高等职业技术学校在现代学徒模式下对非遗传承人的培养模式作了一些探究，因为学校有一部分专业就是非遗项目，如烹饪、园林技术、艺术设计等专业，苏扇、核雕、苏帮菜和苏式盆景等都是国家级非遗项目。因此，学校紧密结合苏州本土非遗资源，在相关专业自觉担负起非遗传承人的培养工作，构建长期有效的非遗传承人的培养模式，为非遗传统文化的长存长盛而努力实践。

中国传统的作坊式师徒传承已经不适应现代人才的培养，现代学徒制是通过学校、企业的深度合作与教师、师傅的联合传授，对学生以技能培养为主的现代人才培养模式。现代学徒制受到欧洲等地一些老牌制造业国家重视，其中英国已制订了复兴学徒制计划，德国、瑞士等国家也在强化完善现代学徒制体系[2]。学校遵循五年制高职校人才培养方案,在非遗项目引进、基地建设、课程设计、教学实施、项目评价等各个层面上进行了细致的调研和翔实的策划。以苏州本土国家级非遗项目中的苏扇、核雕、苏帮菜和苏派盆景等项目进行融合,构建了以传承创新为目标、以传统文化为特色、以多样化教学为手段、以学生为中心的非遗传承人培养模式,旨在培养一批高素质、高技能的优秀非遗传承人才。

## 二、构建现代学徒制模式下的非遗传承人培养模式的探索

现代学徒制是通过学校、企业的深度合作与教师、师傅的联合传授,对学生以技能培养为主的现代人才培养模式。人才培养模式是指在一定的现代教育理论、教育思想指导下,按照特定的培养目标和人才规格,以相对稳定的教学内容、课程体系、管理制度和评估方式,实施人才教育过程的总和。现代学徒制模式下如何培养非物质文化遗产传承人才,是目前我国各地遇到的共性问题。新时代高职校人才培养目标已经由单一专业能力的培养转变为职业综合能力的培养,非遗传承人培养模式就是以校企合作、工学结合为特点的项目化教学,培养具有非遗技艺与创新意识,能掌握本专业技能的高素质专业人才。学校邀请非遗大师入校参与教学,并以科研机构、学校和企业联合的方式培养非遗人才。"到企业,到大师身边学习非遗技能,对非遗保护传承和职业教育模式都是一种创新。"传统文化需要接洽融合新时代发展的脉搏,当前的非遗传承人培养更需要先进的、创新的、科学的理念,需要通过各种途径来推进非遗资源的共享、开发和利用,促进信息化、数字化、市场化在非遗项目中的合理应用与推广。现代非遗传承人的培养除了在技艺传承的基础上,更需要具备与融合当前社会所需的职业综合能力。学校建立了"非物质文化遗产传承教学基地",首批引进了苏扇、核雕、苏帮菜和苏式盆景四个项目。四个项目的代表性传承人孙耀文、陆小琴、张子平、沈柏平都分别在学校开设"大师班",正式收徒授课。一方面学生能够得到大师们的真传,另一方面学校为传承人提供了很好的平台,可以让更多的人了解这些技艺。学校在创新校企合作机制,完善传承教学体系,构建非遗保护平台,打造非遗信息网络这四个方面开展理论与实践的探索。充分利用有效资源,在非遗"数字化"保护、"合作化"教学、"专业化"创新、"网络化"传播等方面落实传承行动,实现中华优秀文化艺术在新时代能具备可持续发展的良好态势。

## （一）培养途径

学徒制一直是传统技能传承的主要方式,随着工业革命的到来,职业学校大规模的班级授课制取代了传统的一对一师徒传承,但是学徒制并没有消亡。现代学徒制起源于德国的职业培训,体现在师生关系上为两种角色并存,即教师与学生、师傅与徒弟。师生关系也是师徒关系。学校借鉴他们的人才培养经验,创新传统学徒制人才培养的模式。与企业紧密合作,双方以"资源共享、优势互补、互利互惠、共同发展"为原则,探索"现代学徒制"模式培养非遗传承人,开创非遗传承人在高职校的人才培养新模式,解决非遗传承人断层问题。通过"项目化"教学促进学生成长,扶持高职学生非遗项目的创新创业。学校通过与苏州檀香扇厂的紧密合作,苏扇大师孙耀文来学校亲自进行教学;学校与苏州光福核雕基地合作,核雕大师陆小琴进校传授技艺;学校获得了苏州市非物质文化遗产保护示范基地苏帮菜研习中心的牌子,和大师张子平紧密合作,学校部分教师也是苏帮菜非遗传承人;苏派盆景也获得了"苏州市非物质文化遗产苏州盆景造型技艺基地"的牌子,学校与苏州虎丘万景山庄合作,并得到大师沈柏平的指导。学校实施工学结合项目化教学,自编非遗校本系列教程等,形成了较为完善的非遗教程体系,着重培养创新研发能力。学校依托"非遗"教学平台,为高职校人才培养模式的建立提供范例。

## （二）培养形式

学校以各专业的三年级学生为主,进入非遗大师传授班的学生们经过前期自主报名、推荐选拔、大师面试等环节才得以与"大师"面对面。目前,每个班规模约10~15人,采用"师傅带徒弟"的方式。实施校企合作,工学结合,聘请非遗大师,与专业教师一起,进行工作过程为任务导向的教学,将知识和技能结合起来,最后由教师和非遗大师一起进行考评。每月安排两次,非遗大师亲自到学校认真地传授学生们非遗技艺。在他们的倾心教导下,学生们上手非常快。此外,学校还组织学生到企业实践,感受大师们的工作环境,师生每年都有1个月时间到企业进行实景化的教学实践。

## 三、非遗传承人培养实践中的创新

### （一）资源整合,管理创新

学校根据各相关专业的特色与优势,结合苏州本土丰富的非遗文化,通过校企合作等方式,整合非遗项目相关资源,在引进、消化、吸收非遗精髓的基础上,组织专业教师与行业专家在非遗入校上进行探究,建设校内校外非遗实训基地,建设校内校外苏扇、核雕、苏帮菜和苏派盆景等非遗传承教学研发基地、名师工作室、实训场地、展示展厅等。由非遗大师和学校专业教师共同负责,实施评估、考核、激励等科学的管理。先后与非遗传承责任单位、主管单位、国家级/省市级传承人签订合作协议,构建"校、企、政、传承人"四方合力的非遗传承工作机制,非遗项目作为特色主干课程写入人才培养方案,打通非遗传承人在高职校培养的途径。例如,核雕聘请非遗核雕传承人陆小琴为客座教授,名师引领教学、传承。开设全校性的讲座,组织学生参观大师核雕工作室等活动。

(二)工学结合,教学创新

开展以工作过程为导向的项目化教学,将非遗项目纳入到高职课程之中,促进学生职业能力的成长。如开展特色校本教学,在苏扇大师孙耀文的指导下,专业教师周敏主编了《苏州檀香扇》校本系列教材,学校老师还参编《苏州核雕》《苏帮菜》《盆景制作》等校本教材。另外,编写出版中英文图书《中国苏州菜》《美食之旅》等,这些特色教材都纳入教学之中,实施工学结合的学习模式,并组织非遗文化技艺的探究行动。采取了讲座式、研讨式、表演式、访谈式、体验式等多种教学方法,以学生为中心,激发学习热情,着重培养学生技艺技能与非遗创新能力,研发的新品在省市校级展会展出屡获奖项。同时,在苏州旅游与财经高等职业技术学校留园校区建设大学生创业孵化基地,扶持非遗项目传承人的成长。非遗入校以"大众学生对非遗科普的认知、专业学生对非遗文化的继承、精英学生对非遗项目的创新创业"构架了三个不同学生群体的分层教学。从2008级至2014级共有七届艺术设计专业学生计414人次的苏扇传承课程的教学,师生创作苏扇新品103件。有2名毕业生自主创业,设立了苏扇工作室,每年有十多名学生在苏扇责任单位带岗实习。

(三)师资提升,科研创新

学校紧密围绕非遗传承人的培养,积极开展教学理论与实践研究,提高师资科研能力,研究成果丰硕。根据教改目标和方向开展科研工作,各专业教师主持了非遗教学的7项省市级课题,公开发表论文30余篇,进行了教材开发、数据库建设、课件制作、微课拍摄、网站建设等有关非遗内容的工作,探索科学有效的教学方法和教学模式,探索信息时代下非遗开发、利用、弘扬的可持续发展模式,塑造了一支业精技强的专业教师队伍。周敏老师的"'木上生花'檀香木烫花书签制作"获得2015年"凤凰杯"江苏省职业学校微课大赛二等奖,她指导学生参加的"精品镂雕扇"在中国工艺美术丝绸艺术展首届苏艺杯比赛中获得铜奖,"虎丘挂坠檀木"在2015年7月苏州市旅游局、苏州市姑苏区人民政府举办的2015年"苏州有礼"工艺品大赛中获得金奖。秦海锋老师申报的"高职艺术设计专业苏作核雕特色课程建设探研"获得2015年苏州市教育科学"十三五规划"课题立项。2010年学校"苏帮菜研习中心"被授予"苏州市非物质文化遗产保护示范基地",学校因此成为江苏省首家拥有饮食文化门类"非遗"保护示范基地院校,为烹饪专业学生成为苏帮菜非遗传承人提供了崭新的平台。专业教师与苏帮菜"非遗"专家、市烹饪行业专家一起传艺授课,联合完成纪录片《苏帮菜制作技艺》,共育苏帮菜传人。通过学校平台,还开发了"苏州四季宴"等,发表研究苏帮菜的论文《芡实的烹饪工艺开发及产业化路径研究》《面粉品质对苏式月饼饼皮的影响》。完成"苏州酱汁肉工业化生产工艺的标准化研究""苏帮菜营养分析菜谱"等相关课题。师生在历届职业学校技能大赛中取得辉煌成绩,共获得国赛金奖10个,在同类学校中名列前茅。在历年苏派盆景的展览盛会上,也均有师生作品获奖。其中,本校教师严雪春、汤坚合作的盆景作品《枫桥夜泊》获得第五届中国盆景展览评比金奖;胡建新的盆景作品《听松图》获得广州第五届花卉博览会金奖;胡建新、卜福民合作的《出峡》获第二届苏州市山水盆景评比展一等奖,并与严雪春、汤坚合作的《杳然天界高》一起被万景山庄收藏陈列。另外,胡建新的作品《忆江南》入选盆景微世界,在网上广泛流传,征得了全球盆景爱好者的关注点赞,严雪春还被苏州市政府聘请为苏派盆景名师工作室成员。在毕业生分配较多的虎丘山风景区,他们养管的万景山庄盆景园被世界盆栽联盟大会确定为中国区交流中心之一,成为让世界了解苏派盆景的重要窗口。

  传承是目前最佳的非物质文化遗产保护的形式,学校的非物质文化传承基地的建设,把传统文化进校园与学校所探求的现代学徒制作了一个很好的结合,为学生们打开了认识非遗的一扇门,最终希望能把学生培养成为具有传统文化底蕴的大国工匠。除开展非遗教学外,学校非物质文化遗产传承教学创业基地还承担着大学生创新创业的功能。在学校留园校区建设有大学生创业孵化基地,目前,孵化有"灵叶创意工艺品设计工作室"项目1个,扶持非遗苏扇项目传承人的成长。工作室获2015年市职业学校创业大赛二等奖、第七届苏州市青年(大学生)创新创业大赛三等奖;该工作室还参加了国宴礼宾用品制作。在2015年长三角动漫嘉年华展会上,我校学生的核雕作品主打动漫卡通人物头像题材,不仅传了了传统核雕技艺,又创新了核雕的题材,受到展会的好评。

  非遗传承人培养是非遗传承的核心,在现代学徒制模式下探索和总结各种有效方式加强传承人培养的同时,还要进一步重视宣传工作,采取针对性的政策,不断提高社会对传承人的价值认知,提高传承人的社会地位,保障非遗传承的可持续发展。

## 参 考 文 献

[1] 张薇.苏州非物质文化遗产传承技能大师工作室运行与现代学徒制人才培养模式有机结合[J].求知导刊,2015,19:30-31.

[2] 梁小红.现代学徒制培养模式的价值与实现[J].长春工业大学学报(高教研究版),2014,(4):23-28.

二〇一七年二月一日

# 基于"工匠精神"的旅游人才培养模式研究

**摘 要:**"工匠精神"就是一种精益求精的职业精神,学生的职业精神的培养需要纳入教育范围。通过各种实践教学来培养学生的"工匠精神",提升旅游的服务品质,塑造更多优秀的旅游人才。

**关键词:** 工匠精神;旅游人才;人才培养模式

2016年,李克强总理在《政府工作报告》中谈到"提升消费品品质"时,强调要"培育精益求精的工匠精神"。这是"工匠精神"这一概念第一次出现在治国安邦的文件之中,显示"培育工匠精神"的诉求已经上升为国家意志和全民共识[1]。职业教育是以就业为导向的职业准备教育,培养生产、建设、管理与服务需求的具有一定职业素养的专门人才。目前中国经济面临转型升级,旅游业迅速发展,但与发达国家相比,服务业GDP的占比仍较低(全国服务业GDP占比为43%,世界上发达国家服务业GDP的占比约70%)。随着我国社会经济的快速发展,服务业的比重会逐步增加,而旅游业是服务业的重要组成部分。因此,我们可以从一个侧面看出旅游产业发展潜力之巨大。

我国居民的休息和假期时间在增加,每年的双休日、法定假日,若加上带薪假期,一年的休息时间可达120多天,居民有更多的可自由支配的时间,此时旅游则成为许多居民的首选。大旅游时代是旅游需求多样化的时代,是旅游供给个性化的时代,也是旅游产业不断延伸和扩张、内涵更加广泛的时代。在大旅游时代,应该培养应用型、创新型,具有国际化视野,不断创新、不断完善自我的人才;培养能够把旅游职业当成事业,并为之奋斗、为之奉献的人才;需要对旅游业有兴趣,认同旅游业未来发展,热爱旅游事业,并具有执着的品格的人才。这样的旅游人才更加需要具备一种"工匠精神"。

## 一、工匠精神的含义

工匠精神(Craftsman's spirit)是指工匠对自己的产品精雕细琢、精益求精的理念。用精益求精的态度,把热爱工作的精神代代相传。这种精神其实就是"工匠精神"[2]。工匠是有工艺专长的匠人,精神是指人的意识、思维等。仔细领悟,"工匠精神"的认识论特征非常鲜明。工匠要做工、出活,即通过改造客观世界来体现自身的价值。工匠在一定的精神指导下工作,在改造客观世界中获取新的认识,从认识到实践、从实践到认识,循环往复,以致无穷,不仅在制造上不断精进,而且在认识上不断升华,以致达到物我两忘、天人合一的至高境界。"工匠精神"有以下内涵:精益求精,注重细节;严谨,一丝不苟,不投机取巧;内心专注、坚持;专业、敬业。"工匠精神"的目标就是打造本行业最优质的产品,生产其他同行无法匹敌的卓越产品。"工匠精神"就是一种职业精神,是一种敬业精神及精益求精的精神理念,也是一种专业能力和价值取向[3]。大旅游时代旅游人才的培养必须注重学生"工匠精神"的培养。一个具备良好职业精神的旅游人才在自己的职业生涯中一定能脱颖而出。

## 二、在培养旅游人才时倡导"工匠精神"的必要性

### (一)旅游技能的形成规律决定了旅游专业学生需要具备"工匠精神"

很多知识源于社会生产和生活,旅游技能的培养有赖于过程参与和获得。正确的情感态度和价值观的形成来自亲身的经历和感受,而这在旅游教学中都能实现。但是服务技能的掌握需要刻苦训练,精益求精,必须培养学生的"工匠精神"。学生熟悉和掌握专业知识和技能的实际,是需要经过学习—实践—再学习—再实践这样的多次反复。学生的职业精神的培养需要纳入教育范围,塑造与培养未来旅游人才的"工匠精神",并在未来的工作与实践中传承并发展这一精神。对旅游服务的质量要高度重视,如导游服务既是一种经济行为,更是一种文化行为,是一门艺术。导游讲解服务更是导游服务中的灵魂与核心。旅游者通过导游员的讲解获得知识和美的享受。如果说自然人文景观是旅游中的第一道风景,那么导游员出色的讲解则是旅游中必不可少的第二道风景线,很多时候,它甚至决定了第一道风景的美妙程度。"祖国山河美不美,全靠导游一张嘴"的说法便是对其最通俗形象的表达。因此,扎实的语言知识功底,正确、优美、得体的语言表达,精妙的讲解技巧和恰到好处的肢体语言,是一名优秀导游员必备的重要条件。好的导游甚至还需要具备"文学家的功底,诗人的激情,史学家的冷静和理论家的逻辑性",才能成就一个真正完美的导游员。而具备上述综合素质的人才,正是当今追求高品质旅游的社会需求向高职导游教育提出的新要求,也是我们培养高素质旅游人才的新目标。面对游客能灵活服

务,是旅游服务者最注重的素质,也是学生毕业初期面临的难题之一。

通过实践教学环节,可以更好地培养学生的"工匠精神",学生进行"再实践"的过程,是"再学习"基础上的感性认识,这也是学生了解行业、学会实际运用的过程,为下一步培养技能打下重要基础。学生在行业实践和工作实际中学会如何运用在学校学习的技能,并在实际工作环境中学会如何处理突发事情,以较好的职业态度学会与客户进行沟通和交流,真正培养学生的实践能力,切实掌握职业技能。

(二)旅游行业的职业特点决定旅游专业的学生需要具备"工匠精神"

旅游业属第三产业,其工作性质、内容与要求与第一、第二产业不同,客观上也需要通过实践教学培养学生具备本专业的核心专业能力。旅游专业学生的主要就业行业是面向旅游企业各岗位,如酒店、景区及旅行社等,他们是旅游服务的供给者,要具有很强的服务意识、很高的服务技能以及较强的应变能力,才能满足各种各样的游客的需求。这些具有各种需求的顾客,不是没有生命的机器或产品,学生需要体会游客的心理需求,不断提高与顾客沟通的能力,对顾客服务需要融入更多的感情色彩,而不像面对机器或流水线那样。如国际酒店的人才就需要有诚恳的服务态度、专业的服务能力和过硬的服务技能,培养学生的"工匠精神"就是抓住了"技能+素养"这一人才培养的核心,促进旅游人才与旅游产业需求的匹配度。旅游企业内部也有不同的岗位,每一岗位的具体要求也是各不相同的,学生要了解众多岗位服务的要求,必须增加更多的实践机会,在工作过程中会发生各种各样的情况,需要从业人员学会应对和处理,一个具有良好职业精神的旅游从业者就能证明自己的竞争力,并在未来的事业中脱颖而出。所以在加强学生技能训练中注意塑造学生的精神品质,可以极大地提高人力资本的附加价值。

(三)旅游专业人才的培养目标需要通过培养学生的"工匠精神"来实现

适应旅游行业的特点,需要通过培养学生的"工匠精神"来培养学生的职业精神,旅游专业人才培养的目标不仅使学生获得工作岗位所需的知识与技能,还要增强学生的服务意识,促进工作态度、职业价值观等个性品质的形成与完善。在现实教学中,以导游专业为例,很多学生在以往的考试中往往笔试容易通过,口试则不易通过。有的同学虽然考取了导游证书,但在实际工作时由于缺乏工作实践,无法胜任岗位要求。为使学生能够胜任将来的工作岗位需求,学校有必要通过实践教学模式,给予学生充分的锻炼机会,增强现场感,提升他们的心理素质,提升他们的讲解水平,从而提高导游考试通过率。在实践教学过程中,学生常常遇到很多问题不能妥善处理,需要教师随时予以纠正和指导。因此,进行实践教学的同时必须注意"工匠精神"的培养[4]。

### 三、基于"工匠精神"的旅游人才培养模式构建

(一)以实训基地和创业基地的形式塑造学生的"工匠精神"

学校的实训中心和创业中心都是职业教育特有的形式,实训中心都有专业教学实践的仿真场景,学生对专业教学的第一印象就是在实训中心获得的,所以必须利用好实训中心的场地,让学生感受到专业的特点。如烹饪的教学在黑板上是无法实现的,必须在烹饪的实训室中,学生跟着教师一步一步地训练才能完成教学任务。导游的大巴仿真实训室、酒店的大堂实训室等,让学生有完成技能训练的环境。

对高年级学生,教师要有意识地让学生进入学校的创业中心去进行训练,锻炼他们的职业能力。例如,除了学生食堂,烹饪专业的学生可以在创业中心设立烘焙小店,导游专业的学生可以在创业中心设立旅游咨询服务,这些都可以在实践中培养学生的"工匠精神"。

(二)以产教融合和校企合作的形式塑造学生的"工匠精神"

产教融合、校企合作要做到四个对接:(1)专业教学与产业需求的对接;(2)课程内容与职业标准的对接;(3)教学过程与生产过程的对接;(4)毕业证书与资格证书的对接。同时,营造跨部门联动和校企深度合作的环境,一方面,要构建旅游教育全面对接职业岗位需求的机制,建立行业标准、职业资格与人才培养相联动的模式;另一方面,要建立技术技能人才需求与市场联动,对旅游行业人才需求进行预测,在此基础上,加强学历教育与职业资格证书双证融合的改革。还可以鼓励企业参与办学,建立跨部门的协同机制,发挥行业企业评价高校办学质量的主体作用。在产教融合、校企合作的背景下,学生体会到实际工作岗位的情况,在各个项目化学习中,学习和运用各种技能,并接受企业标准化的管理模式及企业对服务品质的要求,从而不断提升自身服务质量,追求精益求精,以此塑造学生的"工匠精神"。学校要求学生具备更高层次的技能,毕业时除获得毕业证书外,还要获得专业资格证书,既要获得中文导游证书,还要考取英文导游证书。对酒店管理专业学生,学校要求他们通过餐厅服务师(三级)证书。学生通过实践教学,也深刻认识到这些证书的必要性,会更加努力地学习和实践。

### （三）以工作室制和校园实体的形式塑造学生的"工匠精神"

工作室制起源于德国，以工作室为载体，教师带领学生承接或参与企业的项目，通过现实的工作状态进行再现式的教学，学生能够直接参与实践活动。旅游专业同样可以借鉴这一模式，提升学生的职业素养，培养高素质技能型的旅游专门人才。如烹饪专业成立"创新菜工作室"，教师带领学生一起制作，成果可以直接推广到餐饮企业。要创新就必须具备"工匠精神"，不断实践，不断提高。工作室制就是以教师为主导，以学生为主体，以工作室为依托，以实践项目为引导，强化教学有机结合，培养学生的"工匠精神"。

学校可以独立成立公司或者与企业合作成立实体，由专业教师担任实体经理，学生担任助理。如学校可以成立旅行社，教师和学生根据不同主题的旅游设计旅游产品，并进行推广，如修学旅游项目，可以根据不同年龄、不同地区的学生情况进行个性化设计。师生共同研发产品，学生可以带团导游，导游技能在实践中不断得到锻炼。校园实体是一个独立的企业，完全市场化，学生在实践过程中会遇到各种各样的情况，促使他们主动适应社会，以此培养他们的"工匠精神"。

### 参考文献

[1] 邓成.当代职业教育如何塑造"工匠精神"[J].当代职业教育,2014,(10):91-93.

[2] 王丽媛.高职教育中培养学生"工匠精神"的必要性和可行性[J].职教论坛,2014,(22):66-69.

[3] 章文.基于传统"工匠精神"的高校艺术人才培养模式研究[J].艺术设计研究,2015,(3):126-128.

[4] 王新宇."中国制造"视域下培养高职学生"工匠精神"探析[J].职业教育研究,2016,(2):14-17.

二〇一六年七月十五日

# 浅论环境对提升高职学生综合素养的影响

**摘 要**：环境对高职院校培养合格的职业人才有重要作用，校园环境干净整洁，人人生活学习井然有序，就会形成朝气蓬勃、团结奋进的氛围。环境育人与教书育人、管理育人、服务育人有着密切的关系，教育工作者要利用环境效果提升学生综合素养，开创学生管理的新局面。

**关键词**：素质教育；环境育人；高职学生；影响

职业素养是指在职业过程中表现出来的综合品质，包含职业道德、职业技能、职业行为、职业作风和职业意识规范。高职院校尤其注重对学生职业素养的培养。素质教育是对学生进行思想道德素质教育、文化科学素质教育、劳动技术素质教育和身心健康素质教育的有机整体教育。素质教育是综合性的教育，要发展和促进素质教育，必须改变传统的教育方法和教育手段，需要全方位、多角度、多手段地进行教育。

如何通过环境影响提升学生的综合职业素养，值得我们深入思考和探讨。加强校园环境建设，是推进素质教育、培养合格职业人才的重点，环境直接影响学生的精神风貌。马克思说过："人创造环境，同样环境也创造人。"学生良好的个性培养、心理素质的锻炼、道德行为习惯的形成、知识才能的增长，无不受到优美健康的环境熏陶。因此，努力创设各种良好的环境，以潜移默化的形式陶冶性情，促进学生的整体素质的提高是当前迫切需要解决的问题之一。

学校环境、家庭环境、社会环境在学生的成长过程中起着举足轻重的作用。所谓环境育人，就是指利用环境影响人、塑造人、培养人。

## 一、学校环境的效果

校园是学生学习活动的场所。优美整洁的校园环境可陶冶学生的情操，激发学生热爱学校、热爱生活、热爱学习的情感，促进学生身心的健康发展。

优美的校容校貌环境可对学生的健康成长起到养性怡情的作用。置身于花园般美丽的校园之中，学生自然会滋长留恋校园、乐于学习生活的缕缕情丝，乐在其中又必然会学在其中。因此,合理的校园布局、高雅的校园环境就会像一位沉默不言而有风范和约束力的老师一样,起到"此时无声胜有声"的感化作用。笔者学校就十分重视校园环境建设,努力创设赏心悦目的环境,强化读书的浓郁气氛。

## 二、家庭环境的效果

在人类社会历史进程中,人们已经充分认识到家庭环境对学生身心发展的重要影响。我国古代就有"孟母择邻""岳母刺字"等故事。孩子成长在家庭,其个性特征、行为习惯、学习状态、兴趣爱好等都是在家庭环境中逐步形成的。家庭是学生最亲密的社会生活群体,家长的素质、人格、教养、言谈、举止、生活方式、教育态度等都有意无意地影响着子女。自私无理的父母往往会培养出心理有缺陷的子女;正直、善良、无私的父母则会培养出心理健康的子女。家长有责任营造出和谐民主的家庭环境,这是学生健康成长的坚实基础。

## 三、社会环境的效果

社会是一个大课堂,更让人增长见识。在信息时代,随着经济的进一步发展,人们的观念也在发生变化,一方面,竞争的日益激烈促使学生学好知识练好技能,将来可以施展身手。另一方面,在金钱利益的驱动下,一些不良的社会现象也严重影响着高职学生的灵魂,许多游戏房、网吧等娱乐场所一味追求经济利益,侵蚀高职学生的身心健康,个别意志薄弱的学生心灵被扭曲,沉迷其中不能自拔。对这样的社会环境,学校和家庭都极为担忧,学校有责任呼吁社会来共同关心学生,帮助学生树立正确的人生观、世界观,正确引导学生在社会这个大学校中接受教育,辨别是非。通过读好书、做好事、了解法律来提高自己的觉悟,参与社会上健康向上的娱乐活动,以积极的态度接受社会环境的洗礼。

学校、家庭、社会这三者是学生赖以生存和发展的重要环境,几乎占据了学生生活的全部,任何一个环境教育的薄弱或失当都会给那些不健康思想的渗入提供可乘之机,只有三者方向一致,才能培养具有良好的综合素质的接班人。学校环境的效果有赖于家庭的配合,家庭环境的气氛有助于社会环境的改善,而社会环境的净化又促进学校环境的效果,因此,注重营造优良的环境,是实施素质教育的重要举措。

## 参考文献

[1] 黄坚.注重校园环境的景观设计[J].职业,2013,(24):176-177.

[2] 王鑫明.高职院校环境隐性育人功能探讨[J].淮海工学院学报(人文社会科学版),2012,10(18):127-129.

[3] 马怡宁.浅论职业学校环境育人的重要性[J].考试周刊,2011,(77):207-208.

[4] 刘青.环境育人视角:高职院校绿化建设与科学规划的思考[J].价值工程,2010,29(20):166.

二〇一五年二月九日

# 德育学分制背景下
# 建立学生成长档案的研究

**摘　要**：五年制高职院校实施德育学分制，改变对学生的德育评价方式，可激发学生主动参与学校的德育活动，提高学校德育教育的针对性和有效性，且能客观公正地对学生的德育状况进行量化。建立学生成长档案，可以使学校的德育工作更加系统化，家校的关系更加密切，学生的身心成长显性化。

**关键词**：德育学分制；学生成长；建立档案

随着信息时代的到来，五年制高职院校的德育教育可利用大数据的信息处理技术，改变笼统说教、单一灌输的模式，代之以学生为主体的参与式、互动式活动为主，寓教于乐，重视学生心理品德的发展，采用德育学分制的方式来评价学生，以学生积极主动参加德育实践活动的数据为依据，对学校德育教育中的思想教育、社会实践、班团活动、校园文化活动、自我管理等进行考核，计算出学分，给予客观的评价。同时，利用这些数据建立每一位学生的成长档案，学校、家庭对学生的成长有更加系统、全面的了解，从而制订更有针对性的德育教育计划。在德育学分制背景下建立学生成长档案有以下几方面的优势：

## 一、学生成长显性化

学生品德的发展是一项内隐的、不易察觉的、长期的过程，但是在德育学分制背景下，学生的各项成长将利用大数据记录下来，如学校各项活动的参与情况、班级各项活动的参与情况、师生之间的互动交流情况、课堂的学习情况以及遵守学校的纪律、卫生、安全等方面的情况等。有了每一位学生成长的印记，再对庞大的数据信息进行分析，就可以获得学生成长的有价值的信息，了解每一位学生德育发展的过去、现在，也让教师熟悉每一位学生的个性特征和学习方式上的差异性，从而因人而异进行个性化的教育。

"学生每天都在发展"，给学生建立"成长档案"，不仅可让教师、父母及时了解学生的成长轨迹，更让学生获得成功的喜悦，感受成长与进步。建立记录学生成长经历、品德素养、学习状况、实践能力等情况的档案非常必要,每学期结束每位学生的档案以纸质形式打印装订好,由各班班主任统一管理保存,作为以备考评的有价值的原始材料。也可以以电子稿形式保存在班级网页中,学生随时可以查阅。

## 二、德育教育系统化

德育学分制背景下以学分衡量学生的德行,不再以教师的印象来衡量学生的好坏,客观而公正,学生参与德育活动的积极性被充分调动起来。

由于五年制高职招收的是初中毕业生,他们的生理和心理年龄极不相符,生理上正在走向成熟,而心理上还未"断乳"。一方面,他们因为中考的失利没有进入高中,有挫败感,对自己选择的专业认识还很模糊,基本上都是由父母包办;另一方面,他们又渴望学习新的知识和技能,对新的事物充满好奇心,需要学校给予正确的引导。针对学生的特点,可以从以下几方面入手:

第一,加强校园文化建设,营造良好的文化氛围和教育氛围,加强对学生的传统文化和现代高尚文化的熏陶,不断提高学生的文化品质和道德情操。

第二,加强学生社团建设,广泛开展各种社团活动,给学生提供更多更宽的展现个人才能的舞台。广泛深入开展文娱、体育活动,使学生旺盛的精力寻找到正确的宣泄口,进而使学生身心得以健康发展。

第三,利用走出去请进来的方式,聘请专家学者开展不同主题的知识讲座,进行人文思想教育、爱国主义教育、耐挫能力教育、感恩教育及专业知识提升、专业素质教育。走出校园,走向社会,充分利用社会丰富的教育资源,开展德育工作和思想政治工作。开展多种形式的下企业、进社会等活动,让学生明确发展方向。

## 三、家校互动常态化

德育学分制实施后,学校将网址告知家长,家长任何时候均可以上网关注子女的情况。围绕学生的身心发展,学校可以制订一学期的德育计划,为学生成长发展服务,注重学生身心发展的特点,注重实效,常规工作精细化,特色活动规范化,家校互动常态化。

### (一)家长进课堂

班级每月可以开展一期家长讲堂,让家长参与德育活动,让家长走进课堂,对学生进行现身说法,效果比教师说教生动得多。

## （二）互动式点评

对学生的成长档案，家长可以进行点评；对家长进课堂的效果，学生可以进行点评。家长和学生都可以撰写博文或者利用微信群、QQ 群等载体发布，学生的成长状况不仅学校了解，家长也了解，学生的德育学分就更加有说服力，家长也可以随时提醒子女的言行，大家共同成长进步。

## （三）阅读共提高

建设书香校园，开展阅读活动是德育教育的主渠道。班级建立读书沙龙，每两周举办一次活动。也可推荐给有兴趣的家长一起阅读，在家长的热情参与下，学生的读书积极性会更加高涨。

五年制高职实施德育学分制，借助大数据等信息技术手段，为每一位学生建立成长档案，这是一种德育教育的新平台，值得我们深入研究。

## 参 考 文 献

[1] 田雷.关于职业院校德育学分制内涵与价值反思[J].教育与职业,2011,(33):46 - 48.

[2] 喻松.大数据背景下学校德育的反思与优化[J].太原大学教育学院学报,2014,(4):47 - 50.

[3] 靳光盈,李明清.论高职高专学生成长档案建立的必要性及所应包括的内容[J].统计与管理,2014,(12):180 - 181.

二〇一五年一月十六日

# 校企合作背景下探索大旅游时代人才培养新模式

**摘　要**：随着大旅游时代的到来,旅游职业教育需要培养应用型、创新型,具有国际化视野、不断自我完善的人才。在校企合作背景下,要探索旅游人才培养的新模式。本文主要从整合旅游职业教育资源,挖掘校企双方的潜力;探索旅游职业教育课程改革,融入企业职业标准;强化实训技能训练,突出专业热情和专业认知教育入手,使学生在学习中找到快乐,在工作中找到幸福,成为高素质的人才。

**关键词**：校企合作；大旅游时代；人才培养新模式

随着世界经济全球化的进一步发展和产业的升级转型,以大规划、大产业、大投入、大效益为重要特征的大旅游时代已经到来,引起了人们广泛的重视与研究。现在人们不仅仅提高了旅游的意识,旅游的方式也发生了重要变化,已从传统的观光旅游过渡到休闲度假,出行方式由过去的参团向自行出游变化。国务院办公厅2013年2月18日颁发的《国民旅游休闲纲要(2013—2020年)》(国办发〔2013〕10号)已正式实施。2014年8月21日国务院又公布了《关于促进旅游业改革发展的若干意见》(以下简称《意见》,国发〔2014〕31号),确定了旅游业为我国国民经济的战略性支柱产业。《意见》中更是明确了"人才强旅,科教兴旅"的战略,对旅游人才的培养提出了新的目标。

大旅游时代,旅游市场出现了多元化、个性化的发展,旅行社要为旅游者提供量身定做的行程和服务。酒店业的国际化、品牌化要求越来越高,旅游电子商务发展迅速,旅游人才的结构性矛盾十分突出。旅游教育和研究变得比以往更加重要,旅游人力资源素质的高低,已经成了决定旅游业竞争力的一项重要指标。旅游院校应根据旅游业的发展需求,探索旅游人才培养的新模式。

## 一、整合旅游职业教育资源,挖掘校企双方的潜力

旅游职业教育资源是指旅游院校和旅游企业投入到旅游职业教育领域,用于培养技能型、应用型旅游业人才的各类管理资源、信息资源、人力资源、物质

资源的总和。随着旅游规模的不断扩大,各地一些办学效益不高的旅游学校要走规模发展之路,创立名牌。另外,同一地区不同层次的旅游类院校之间、校企之间、学校和行业之间在专业层面要开展多种形式的合作办学。在现代信息技术的条件下,进行区域共享教学资源库的建设,以达到资源共享。

例如,苏州旅游与财经高等职业技术学校早在2007年就牵头苏州地区的旅游院校成立了苏州旅游教育专业委员会,吸收了4所本科院校中的旅游学院、9所大专类旅游学校和7所旅游中等专业学校,共计20所学校参加,覆盖各个办学层次,目前已经在实训设施设备共享、旅游教育信息共享、师资相互交流等方面进行了整合。该专业委员会挂靠苏州市旅游协会,与地区的行业协会紧密相连,参与所有行业的各项活动,及时了解行业最新发展动态。2013年在旅游协会指导下,旅游教育专业委员会召开了"国际酒店高峰论坛",探讨国际化酒店业人才的培养话题,在苏州的各大国际酒店的外籍老总在峰会上作了主题发言,对院校的人才培养提出了新的要求。2014年又召开了以"大旅游时代的人才保障"为主题的论坛,来自全国各地的旅游专家学者进行了主题演讲,还邀请了政府、企业、学校代表进行对话,对旅游教育的人才培养目标进行了明确定位。校企之间的合作也进一步加强,旅行社、酒店、旅游电商与学校合作办学,学校定期安排学生进行工学交替的实训,将课堂学到的知识融入实际工作中,提前完成了企业的岗前培训。

## 二、探索旅游职业教育课程改革,融入企业职业标准

大旅游时代旅游职业院校培养的高素质的旅游人才必须符合旅游企业的岗位标准。院校与旅游企业相互合作,将岗位职业标准整合为专业课程内容,真正做到人才培养与企业要求无缝对接,做到课程设置企业化,达到真正意义上的校企接轨。

过去旅行社需要三方面的专业人才:旅游外联、导游、旅游计调。随着互联网的快速发展,旅游者不必去旅行社选择旅游项目,绝大部分工作,如合同签订、酒店服务等通过网络即可完成。学校的培养模式、教学内容都要根据形势的发展不断更新。

## 三、强化实训技能训练,突出专业热情和专业认知教育

要促进旅游人才与旅游产业需求的匹配度,强化实训技能是必不可少的,全国职业院校技能大赛就像一个"检阅场",不仅为全国职业院校的师生提供了

高水准技能竞技与切磋的平台,也把职业教育取得的成就向社会进行了展示。自2009年教育部举办大赛以来,对职业教育改革、产教融合、校企合作的引领作用是十分明显的,技能大赛已成为切磋技能、展现职教魅力的窗口。旅游院校利用每年教育部举办旅游类、酒店类技能大赛的机会,学校层层选拔技能选手,鼓励学生勤学苦练。技能大赛项目一般包括现场实操、专业理论、仪容仪表三大竞赛内容,其设置紧跟旅游产业结构升级和现代服务业发展战略要求,直接与旅游行业标准、岗位技能要求接轨,旨在推进校企合作,共同培养现代旅游行业高素质技能人才。

旅游企业倍感困惑的是人才的流动性特别大,企业要求学校将学生的职业热情和职业认知教育放在首位,旅游工作时间长、强度大、要求高,具有挑战性。学生的职业兴趣的保持度事关职业的发展,所以面对大旅游时代这样一个充满机遇的时期,技能和素养两者不可偏颇。

大旅游时代必须要加快旅游人才培养的步伐,谋求旅游职业教育资源与社会目标的协调发展,建立政府、行业、院校、企业多方协同的联动机制,为旅游业培养更多的高层次、创新型旅游人才,最终推动旅游业的发展。

## 参 考 文 献

[1] 邓小艳.旅游高等院校基于产学研合作教育的本科人才培养路径探析[J].湖北经济学院学报(人文社会科学版),2011,(12):191 – 193.

[2] 刘晓慧.高职旅游管理人才培养模式探析[J].浙江旅游职业学院学报,2012,(1):85 – 89.

[3] 臧其林.基于旅游教育专业委员会整合旅游教育资源的研究[J].职教通讯,2013,(20):1 – 3.

二〇一五年三月十七日

# 基于"主客统一、主体互动"的五年制高职实践教学研究

## ——以苏州旅游与财经高等职业技术学校为例

**摘　要：** 现代服务业专业的五年制高职实践教学要遵循主客统一、主体互动原则,即学生既是服务者,又是被服务者,统一于一身。教师积极引导学生进行服务实践,边做边教；学生主动学习和实践,边学边做。苏州旅游与财经高等职业技术学校是以现代服务业为主的五年制高职学校,学校积极构建学生自主学习的专业实践教学体系,形成"主客统一、主体互动"的实践教学模式,打造师生专业研究与创新实践活动品牌。

**关键词：** 五年制高职；自主学习；实践教学；研究

现代服务业从业人员职业对象都是活生生的人,所以实践教学的角色体验非常重要,在实践教学中每一个学生必须体验到自身既是服务者,又是被服务者的不同角色,在每一次的实践教学中教师要主动将学生分成职业人组和客户组,每一个学生身兼两种身份,所以从这一点看,在每一个学生身上是一种主客统一,在学生的相互服务过程中,学生必须要学会自主学习和体验,通过与同学之间的交流配合形成主体互动[1]。

在现代服务业的专业实践教学中,需要教师探索出比较成功的引导学生自主性学习的"个别型、尝试型、合作型、研究型"的学习方式,努力实现教师角色、学生地位、教学内容、教学手段、教学流程的转变[2]。通过基于实践的主客统一协调、主体互动的方式,教师系统合理地指导学生在实践教学中自学,实现真正意义上"教是为了不教"的思想,切实提高专业教学的有效性和学生的自主学习能力。

## 一、"主客统一、主体互动"实践教学的原则

根据瑞士皮亚杰的建构主义理论和美国心理学家弗拉维尔的元认知理论,现代服务业各专业的实践教学,应该是学生作为学习实践的主体,教师作为引

导示范的主体,形成主客协调统一互动的原则,学生学会自主学习和实践[3]。苏州旅游与财经高等职业技术学校就是一所全日制五年制高职校,学校的专业涵盖文化旅游、财经商贸、风景园林三大板块,共计十六个现代服务业专业,学校建设了文化创意、酒店管理、中西烹饪、旅行管理、旅游新业态、财经、现代物流、国际商务和风景园林等多个实训教学基地和中心,还与企业合作建设了旅游饭店、旅行社、记账公司、网络购物超市、景观园林公司等多个实体化教学基地,打造了一流的实践教学环境,为社会培养了大批综合素质高、职业技能精、外语能力强的优秀人才。聚焦近年来学校的专业实践教学,经历了探索研究过程的艰辛和迷惘,同时也收获了许多经验,归纳出"揭示实践目标、激发体验兴趣—学生自主学习、尝试角色体验—相互合作探究、巩固反馈成果"的现代服务业专业教学步骤,目前已经逐步在实践教学中分角色让学生积极参与。职业学校的专业实践教学离不开学生的互动,在部分专业教学中增加了实景教学环节,让学生与职业对象实现主客统一。

现代服务业人才培养的目标直接决定了服务业的质量和水平,学校按照为苏州地方现代服务业培养高素质、技能型人才的办学定位,坚持"服务学生,追求卓越"的办学理念,走产教研、国际化合作的发展道路,成功探索了将仿真实训和全景教学实践相结合的教学形式,实践主客统一、主体互动的原则。在历届国家、省、市职业院校技能大赛上,学校师生摘金夺银,连续五年被评为江苏省职业院校技能大赛先进单位,其中2014年学校获得国赛金牌7枚,省赛金牌20枚;2013年学校获得国赛金牌7枚,省赛金牌27枚;2012年获得国赛金牌7枚,省赛金牌24枚;2011年获得国赛金牌5枚,省赛金牌17枚。占苏州全市所有职业学校奖牌数的50%,位列江苏省职业院校首位。

## 二、"主客统一、主体互动"实践教学的目标

探索引导学生自主学习的有效途径、方法和策略,从而培养学生成为有专业知识和专业技能的应用型人才,为他们适应未来经济社会发展自主学习和终身学习的个体人生需要打下坚实的基础。对于推进职业学校教学改革的内容,具体落实职业素质教育,全面提高职业学校办学水平和教师的专业教学水平、现代教育技术水平及科研能力都具有研究价值和现实意义。学生自己有学习的兴趣和愿望,才能进入自觉学习的境地。因此,教师应合理创设自主学习的氛围,凭借专业实践中对学生技能的培养,针对不同学生进行因材施教。

## （一）构建引导学生自主学习的专业实践教学体系

通过理论学习、教学实践，建立起有效引导学生自主学习的实践型教学模式，部分专业实施实景教学模式，部分专业实施全景教学模式，部分专业实施模拟教学模式。例如，学校烹饪专业的"中式冷菜"课程就率先进行了尝试，该实践课程在二年级开设，学生通过一年的专业学习，掌握了基础烹饪技术，在教师的指导下，开展自主学习。通过分阶段实验，实现由简到难的教学目标，教师布置"工作任务计划书"，让学生进行市场调研，考察饭店、菜场、超市有关冷菜原料和冷拼陈列，训练中餐冷拼厨房实务，创设学生自学环境，指导学生完成工作任务。

## （二）形成"主客统一、主体互动"的实践教学体系

引导学生自主学习，改变职业学校学生的学习方式，根据专业教学的特点，以职业实践教育为突破口，精心设计专业知识和专业技能的教学内容，转变教师的教学观念和教学方式。通过专业实训课程的训练，加强学生学习习惯的养成和职业能力的提升，提高学生的自学能力、实践能力、创新能力和职业素养，激发学生的学习兴趣。例如，学校商贸系物流管理专业"单证操作与缮制"课程，该课程是物流管理专业的专业核心课之一，是实践性很强的课程，需要多人合作才能完成，教师通过能力训练并培养学生与人合作的意识，让学生形成积极的合作行为，在合作过程中正确地解决了问题，取得了比较积极的效果。

## （三）打造师生专业研究与创新实践活动品牌

通过开展"主客统一、主体互动"专业课程的研究与专业实践活动，促进师生能力的共同提高，特别是教师自身专业发展的提升，从而促进教学水平的提高，达到"教是为了不教"的目的。学生通过自学能力的提高，促进实践能力和创新能力的发展。例如，学校财经系金融管理与实务专业中的"证券投资"课程是该专业的核心专业课，主要培养学生认识证券市场、进行证券投资操作的能力，由教师按照教学目标进行简单的理论讲解，然后由学生按照教师的要求利用现行的实验实训设备进行实践操作。学校的实训室金融证券大厅可以与实时的证券交易联网，学生进行模拟操作，分小组进行比赛，学生的兴致很高，教学效果良好。

## 三、"主客统一、主体互动"实践教学的保障

教师在课程教学过程中，要善于引导学生养成自主学习的习惯，教会学生

思考问题的方法,指导学生掌握解决问题的策略,让学生具有一定的自主学习能力。首先,学校成立实验研究领导小组,校长担任组长,分管科研的副校长和分管教学的副校长分别担任副组长,科研处、教务处成员担任研究指导人员;其次,成立各专业实验小组,由系主任担任组长,分管教学的副主任担任副组长,进行检查和评估。学校给予设施设备保障,完善现代信息技术设备,学校信息中心负责网络技术的培训、操作及设备维修。根据教师的实践研究的进程,学校专项拨款,给予活动经费支持[4]。

(1)根据"主客统一、主体互动"实践教学的目标,结合职业学校的教改趋势,贯彻叶圣陶的"教是为了不教"的思想,通过课堂实践教学主渠道探索职校生自主学习的有效途径、方法和策略,培养学生对职业的兴趣,培养学生学会认知、学会做事、学会合作、学会生存、学会创造的能力和素质,为他们适应职业发展自主创新要求和终身学习的个体人生需要打下坚实的基础。

(2)指导学生成立自学兴趣小组,转变教师的理念和角色,在日常教学实践中创设民主和谐的课堂教学氛围,培养学生对专业的兴趣,改变学生以往的学习习惯和方法,通过课堂的互动引申到课外学习的互动。借助网络,教师可随时得到反馈。促使教师的教学在总结—修正—总结—丰富的过程中得到较大的提高。

(3)通过学校开展的实践教学研究和专业教研活动,遵循层次性、开放性、互动性、活动性的基本原则,教师通过各专业学科某一模块或某一节课的教学设计中的实践教学内容,在学生已知的知识基础上,引导他们从观念、方法、智慧等方面举一反三,尝试实践,拓展练习,形成具有个性化的自学技能,引导学生分析、归纳、提炼出各专业学科自主学习的有效途径、方法和策略。

目前,学校全体专业教师已经形成一个共同的理念:在专业实践教学中,让学生担任既是主人又是客户的角色体验,达到主客协调统一,教师引导学生之间的互动。例如,学校酒店管理系国际酒店管理专业"餐饮服务与管理"课程中让学生体验每一个工作岗位,并学会相互的协调和合作。该课程教师引导学生组织第二课堂的活动,活动主题、内容、广告宣传、拉赞助、门票印刷、费用预算、原材料采购、食品酒水制作、服务等所有工作均由学生兴趣小组独立完成,教师对活动组织的过程、盈利情况等打分。通过这样的教学方式,枯燥的理论学习转化为活生生的技能锻炼,学生受益匪浅。

现代服务业的实践教学分为课堂实践模拟、专业实习和毕业实习三个环节,分别完成专业技能实习、专业素质训练和专业理论实践三部分内容。学校坚持在专业理论知识指导下的分阶段实习,做到以专业理论知识指导具体实践操作,以实践经验补充、完善专业理论知识,让学生在实践教学中能尽快掌握最基本的服务技能,培养职业意识,熟悉行业环境,从而对职业活动中的人际关系和职业实践中的实际管理活动能有更直观的了解。

## 参 考 文 献

［1］郭湛.论主体间性或交互主体性［J］.中国人民大学学报,2001,15(3):32-38.

［2］吴祝平.高职实践教学观［J］.职教论坛,2005,(21):38-41.

［3］潘春胜.工学结合背景下高职院校实践教学的反思［J］.教育理论与实践,2010,(21):22-24.

［4］朱小萍.加强高职实践教学管理的途径［J］.职教论坛,2010,(23):45-46.

［5］黄晗,卢灵.基于就业导向的会展管理专业实践教学改革研究——以广西财经学院为例［J］.中国电力教育,2013,(8):100-101.

二〇一四年十月二十三日

# 创新驱动背景下
# 高职校德育学分制的实践研究

**摘　要**：在创新驱动背景下,分析德育学分制的内涵,从四个方面阐述德育学分制的实践价值,从而改变目前德育评价的现状。学校通过德育学分制的实践,对实践的效果进行初步的分析,以提升德育工作者对此举措的认识。

**关键词**：高职校；德育；学分制；实践研究

苏州旅游与财经高等职业技术学校(以下简称学校)在创新驱动的背景下,秉承"教育优先、德育为先、素质领先"的理念,变"德育量化考核制"为德育学分制,建立由基本学分、奖励学分和附加学分三个模块组成的德育学分制体系,确立了"以学生为主,以激励为主"的新思路,使德育工作真正落到实处。

## 一、高职校德育学分制的内涵

德育学分制是借鉴学分制的管理模式而设立的德育管理评价机制。学分制首创于哈佛大学,1978年以后国内一些大学开始试行学分制,目前学分制已在高职校中全面推行。学校在"德育量化考核"的基础上,广泛进行调研,听取师生的意见,由学校学生管理处牵头,构思德育学分制的考核体系,参照大学生的综合素质测评,按照德育系统中的行为表现、道德成长、身心发展、专业技能等内容进行分值界定,主要包含以下三方面内容：

第一,德育学分制中设立基本分,即对学生行为表现所带来的结果进行评价,主要包括原来德育量化考核的内容,各类制度规范的执行情况,也是对学生个体参与学校德育实践的成效的评价。突出遵纪守法、行为规范的内容,也是培养现代职业人的最基本的职业要求。学校依据《普通高等学校学生管理规定》和《高等学校学生行为准则》等内容,将具体要求细化成量化的指标进行考核。学生若遵守各项行为规范,即可得到基本分数,违者则按照细化标准扣除相应的分数。

第二,德育学分制中设立奖励分,即对学生在各类德育实践活动中获得的成绩给予加分,这项内容在以往的德育考核中被忽略了,而在实施德育学分制中采纳了学生的意见,并作为一项重要的内容。学校的校园文化活动对学生的影响极其深刻。学校针对不同专业、不同个性、不同层次的学生,开设了各种社团活动,如文学社、合唱团、话剧社、心晴社、滑轮社、艺术团、动漫社等,通过系列比赛活动,对表现突出和获奖的学生给予加分,如校园十佳歌手大赛、校园合唱比赛、宿舍美化大赛、心灵手巧手工制作大赛等,吸引学生积极参与学校的德育实践活动。实施德育学分制后,学校的校园文化活动成绩斐然,"文化早餐"和"宿舍文化节"活动被苏州市评为十大德育创新案例,并向全市进行推广,学校也被评为江苏省校园文化建设先进集体。

第三,结合学分制的学分设置,在德育学分制中设立学生课余技能展示活动附加分。目前,全国高职校职业技能大赛轰轰烈烈,学校、院系、班级开展了多种技能训练活动,不同专业的学生举办了多种有专业特色的技能活动,如酒店管理专业举办了"烹饪创新菜制作大赛",旅游专业举办了"民族村之旅导游大赛""园林一日游导游大赛",财经专业举办了"珠心算技能大赛""点钞技能大赛""会计实务技能大赛",商贸专业举办了"物流储配方案设计大赛",艺术系举办了"动画人物设计创作大赛"等,还有各种专业性的校企合作活动,与企业人员进行劳动竞赛等。针对部分有潜力的学生,还开办了助学辅导班,引导他们继续深造。学校普遍推行"一证带多证"的人才培养模式,即毕业证和各类岗位及能力证书,作为德育学分制的附加分,以提高学生专业岗位练兵的积极性。

在德育学分制的设立中按照德育教育的内容,如爱国主义、集体主义、诚实守信为主题的教育,还有普法教育、安全教育、心理健康教育等,还结合了职业生涯规划的教育、志愿者的实践活动等,并分年级提出不同的要求,分阶段、有步骤地实施德育学分制。

## 二、高职校德育学分制的实践价值

学校在实施"工学交替、校企合作和顶岗实习"的人才培养模式过程中,采用德育学分制来进行配套管理,学校和用人单位对学生的德育考核更为科学合理,有利于促进学生职业生涯的规划和发展。

(一)德育评价清晰明确

高职校的德育评价应从"知识和能力、过程和方法、情感态度和价值观"等职业人的要求出发,建立学生德育活动网络记录体系。学校利用网络平台系统化管理学生的各项信息,增加对学生德育评价的客观性和直观性,为德育学分评价提供有力的支撑。发挥德育学分的自我教育、自我管理功能。按照高职校的德育教育纲要,确立细致的德育目标,学生更容易接受德育学分制的客观评价分数,使得评价更加清晰明朗。目前,国家已经建设了完善的学籍管理体系,学校在此基础上利用这些基础信息进行研发,在学校内部网站开发了学生德育学分制管理网络平台,记载学生的德育学分,学生可以随时查询自己的学分记载情况,公开透明。德育学分与课程学分同等地位,基本分以一个月为基础,奖励分和附加分一个学期计算一次学分,按照得分来换算成德育的学分,对学生的德育评价有了一个具体、完整的量化分析。

## (二) 德育学分制考核形成体系

根据职业教育人才培养目标和要求,确立德育学分制,包括学生基本行为规范、校内外德育实践活动、学生综合素质测评等,学校设计了一套完整、有效的德育教育考核体系。这项考核体系包括个人行为、实践活动和校本特色,使学生的德育评价成为一个有机整体。高职校的德育学分制体系与专业人才培养模式一样,其实施要有计划性、针对性。学校从学生进校开始就从德育学分制考核入手,指导学生进行职业生涯规划,学生不再盲目地发展,而是在教师指导下根据自身所学的专业从综合素养到学业水平的发展都有了目标的引领。

## (三) 形成以人为本的个性化德育教育

学校根据学生的年龄阶段和专业特点,建立阶段性德育评价目标,充分调动学生的积极性和主动性。建立具体的评价标准,使德育学分量化指标体系更加趋于合理和更具可操作性。德育实践活动的开展,也是让学生根据自身的兴趣、爱好以及社会的需求,自主选择自己的发展方向,从而更好地满足社会的需求,如学生社团活动就是让学生选择自己喜欢的项目去参加,提高自己的能力。学校在2010年上海世博会期间就鼓励学生成为世博会的志愿者,提供相关培训,学生参与的积极性很高,最后有20名学生成为世博会广东馆的志愿者,他们在此期间以良好的形象和服务获得了诸多的荣誉,同时他们也获得了德育奖励学分,毕业时受到用人单位的青睐。

## (四) 完善德育学分制

德育学分制是将学校德育教育评价的制度规范化,也是对德育工作运作程序的规范化,有利于克服对学生德育评价的随意性。为完善德育学分制,学校制定了《德育学分制实施细则》《德育学分制考核评定办法》《学生德育学分手册》等。注重让学生参与评价,培养学生的合作精神和社会责任感,使德育回归生活实践,注重多元化和开放性,在制度中体现社会评价和用人单位的评价。例如,学生在实习期间的表现,用人单位可根据相应规章评分,有利于对实习学生进行管理。

### 三、实施德育学分制效果分析

(一)学生道德成长由被动变主动

过去学校对学生德育的评价主要根据教师的印象打分,学生是被动的,不能主动去选择,对学生的成长不利。按照德育学分制来实践,学生有很多主动选择的权利,而不是等待老师去评价,学生会自发地按照学分考核中的内容去选择,从而潜移默化地引导学生正确的行为。在调查中我们发现,以前许多同学对学校集体活动漠不关心,自从实行德育学分制以来,学生的主动参与率较以前提高50%以上。学生技能大赛获奖比率上升20%以上,而违纪事件比率则大幅下降。

(二)学生对自己的成长有了明确的方向

德育学分制中对德育的要求都是具体的,其主要由项目和实践活动两部分组成。项目如行为规范中就有很多具体的内容,学生必须要做到,体现基本的素养;实践活动如实训实习,学生必须按照要求达到技能标准,完成实习任务。调查统计发现,实施德育学分制后学生积极参与社会活动的人数不断提高,假期学生参加社会实践活动的人数大大增加,学习积极性空前高涨。

(三)根据学生个性化发展的特点,确定有特长和有特色的内容

在对学生的德育测评中,既要考虑大多数学生道德发展的要求,也要充分考虑不同学生的个性发展需求,在不同阶段明确不同的要求,使学生在健康成长的环境中不断提高基本素养。如学生在科技创新发明中取得了优异成绩,就要在德育学分制中的附加分中体现出来。学生若学有余力,且对其他专业感兴趣的,鼓励他们一专多能,给予德育学分的附加分。在毕业生的企业调查反馈中发现,企业对毕业生德育学分制的认可度达到100%。

(四)德育学分制的实施改变了学校德育整体的面貌

实施德育学分制后,学校的德育工作也由虚变实,从制定目标、制度到实施和评价,德育的过程真正落实到"人化",实现了以人为本的德育理念,同时提高了学生的自我教育、自我管理和自我约束能力。实施德育学分制后学生注重言

行,课堂效率高,实训技能精,校园文化氛围浓,校园成为和谐文明的示范基地。学校近年来成为国家中等职业教育改革发展示范项目学校、国家级重点职业学校、教育部依法治校示范校、江苏省高水平示范职业学校、江苏省课改实验学校,先后获得江苏省精神文明建设工作先进单位、江苏省文明单位、江苏省和谐校园、江苏省平安校园、江苏省省级技能教学研究基地、苏州市文明单位标兵等多项荣誉称号。

通过德育学分制的实施,学校变管理为服务,调动了学生的主观能动性,打破了旧的主观评价学生德育的评价体系,提供了可供高职校德育工作者借鉴的宝贵经验。

### 参考文献

[1] 许振华.实行德育学分制和构建德育评价新模式[J].职教论坛,2006,(8):46-48.

[2] 田雷.关于职业院校德育学分制内涵与价值的反思[J].教育与职业,2011,(11):46-48.

[3] 沈荷英.学生德育学分制评价模式研究[J].文教资料,2011,(11):133-134.

[4] 孙为民.德育学分制的实施与效果评价[J].天津职业院校联合学报,2009,(11):102-105.

[5] 李亚九.大学生德育学分制探究[J].哈尔滨职业技术学院学报,2009,(3):75-76.

二〇一四年七月二日

# 浅论我国传统文化教育与职业教育的融合

**摘　要**：职业教育的核心是培养高素质的职业技术应用型人才，在职业教育中要注入传统文化的内核，重视修身养性，在职业教育过程中将传统文化中的精华融入高尚的职业道德的培养和精湛的专业技能的训练之中，达到"德才兼备""德艺双馨"的人才培养目标。

**关键词**：传统文化教育；职业教育；融合

中国传统文化是人类文明史上的一颗璀璨的明珠，在上下五千年的漫长岁月里，虽然经历了人类文明的多次蜕变，但传统文化始终保持着自己完整的面貌、独特的风采，充满了内在的顽强的生命力，可谓历史悠久，博大精深。特别以儒家思想为代表的价值体系，成为传统思想的瑰宝。孔子学说的核心就是"仁学"，重视修身养性，儒家提出了做人应该具备的道德准则体系，如仁爱、尚义、和谐、诚信、自律等精神，这些在现代职业技术教育体系中仍然占有重要的地位。

我国的职业教育在传承文化教育中既要接受传统文化的精髓，又要实现自身职业教育的创新，这是新时代职业技术教育的新课题。要培养高素质的职业技术应用型人才，必须具备高尚的职业道德和精湛的专业技能，达到"德才兼备""德艺双馨"的目标，从而整体提升我国国民的素质。本文拟从传统文化教育与职业道德教育的融合关系、传统文化教育与专业知识和技能的融合关系来阐述。

## 一、传统文化教育与职业道德教育的融合

中国传统文化以潜在的方式影响着职业技术教育。我国是一个具有悠久历史和文化传统的文明古国，儒家学说作为中华传统思想的主流，深刻影响着社会的方方面面，潜移默化地影响着一代又一代的职业劳动者。职业技术教育不可避免地受到传统文化因素的影响。我国的传统文化以道德文化为基础，对职业道德的养成和丰富具有积极的作用。

职业道德是随着社会分工的深化而形成和发展的特殊的道德规范体系。

职业道德强调职业从业人员内部以及从业人员与社会各个方面的人际关系,从而使整个行业乃至全社会保持一种和谐的状态。职业道德在整个道德体系中占据重要地位。职业技术教育培养出来的学生不仅要具备一定的专门知识和技能,还应具备较高的职业道德水平。在职业技术教育中融入传统文化的教育内容,加强职业道德的建设主要可以从以下几方面入手:

（一）培养敬业乐业的态度

《礼记·学记》强调"敬业乐群",老子讲:"安其居,乐其业。"孔子说:"知之者不如好之者,好之者不如乐之者。"人生要从自己的职业中领略出趣味,生活才有价值。敬业即责任心,对工作专心致志；乐业即趣味,不仅乐意去做某件事,而且能从中领悟出趣味来。

职业是个人实现自己理想抱负的基本方式,敬业包含积极的人生态度,敬业精神是一种道德追求,是现代人确认自身价值和追求自我道德完善的规范。所以"敬业"是道德主体主动的选择和自觉的价值追求,现代社会要求从业者必须具备高度的敬业精神,客观上要求从业者敬业重道,乐业爱岗,要有强烈的事业心、责任感和使命感,否则就不能适应现代劳动本性和社会发展的要求。培养责任感、使命感,激励从业者勤奋工作、积极进取、奋发有为是企业文化的主要内容。儒家提出的"慎独自省、改过修炼"在今天的职业道德教育中仍有重要的借鉴价值。

（二）培养诚实守信的品质

孔子说:"人而无信,不知其可也。"诚实守信是中华民族传统美德的一个重要规范,诚实不欺是人的根本,职业人最基本的条件就是诚实、忠实、老实。待人要坦诚相见、信守承诺；要恪守信用、严格履约；要自律自省、自觉担当。不弄虚作假、不欺上瞒下、不歪曲事实、不偏听偏信。诚实守信的品质要融入职业道德的各个领域和各个方面,各行各业的从业者都要在各自的岗位上培养诚实守信的观念,忠诚于自己从事的职业,信守自己的承诺。

《史记·吴太伯世家》记载:季札之初使,北过徐君。徐君好季札剑,口弗敢言。季札心知之,为使上国,未献。还至徐,徐君已死,于是乃解其宝剑,系之徐君冢树而去。从者曰:"徐君已死,尚谁予乎?"季札曰:"不然。始吾心已许之,岂以死倍吾心哉!"这是说季札第一次出使北方徐国,徐君很喜欢季札的剑但不说,季札心里也知道,但他要出使别国,所以未送。季札再回,徐君已死,解剑挂在树上。随从说:徐君已死这要送谁？季札说:我当初心里已经要把剑送他,怎能因徐君死而违背诺言。任何时代的人均要诚实守信。诚实即忠诚老实,就是忠于事物的本来面貌,不隐瞒自己的真实思想,不掩饰自己的真实感情。守信即信守承诺,忠实于自己承担的义务,答应了别人的事一定要去做。忠诚地履行自己承担的义务是每一个现代从业者应该具有的职业品质。

(三)培养以礼待人的素养

中国是以"礼仪之邦"著称的文明古国。孔子说:"道之以政,齐之以刑,民免而无耻;道之以德,齐之以礼,有耻且格。"意思是用法律去约束人的行为合乎规范,只是在外力作用下的强制结果,不如用礼仪、道德去约束人们的行为规范,它是发自于心的,属于内在的自我要求,这样既可以使人际关系、社会秩序和谐有序,更可以完成人们内在心灵的自我升华。礼之产生于人类,就是让人知道自己有别于禽兽。孔子说,"温良恭俭让",将"让"作为人的优秀品质来颂扬。对他人要有容人之量,与人为善,宽厚待人。蔺相如礼让廉颇、周瑜礼让程普,是众口皆碑的美德。对人礼让,就要是加强自身的内心修养。有了严于律己、宽于待人的道德修养,人际关系自然就易于和谐了。讲礼仪,要得体适度,即"上交不谄,下交不渎"(《周易·系辞下》)。不可随便阿谀奉承,行为不越过节度,热情而又得保持庄重,各种行业的从业者都应体现出自己的仪容特征。

职业教育中注重礼仪教育,培养学生恭敬的态度、诚恳的谈吐、整洁的仪容、适度的微笑,这一切外在的礼仪举止,是职业人内心的人品、修养、学识乃至智慧的最好的介绍信。这些仪容举止常常会给人带来美好的声誉与人生机遇。

从职业道德的整体要求出发加强传统文化教育,提高传统文化教育在职业技术教育课程教学目标中的地位和作用。因为职业技术的课程是人文与技术的结合课程,把传统人文要素的内容纳入教学目标和过程之中,使传统文化教育对学生职业能力的发展起到积极的促进作用。

## 二、传统文化教育与专业课程学习的融合

我国传统文化的发展也促进了一批具有文化特色专业的发展,为职业技术教育的发展提供了广阔的空间,其中相当部分的职业与传统文化完全相融合,如古典园林专业、中式烹饪专业、旅游文化专业、戏曲表演专业等,都在传统文化的引领下逐步发展壮大。传统文化中的传统工艺等更需要有一批传承人,现代专业的发展也离不开传统文化的教育。专业知识的学习和技能的训练也都需要传统文化的底蕴,这样才能培养真正的高素质技能型人才。本文主要从以下两个方面来论述:

(一) 专业知识的传授包含隐形传统文化的思想

在学习专业知识的同时要与职业道德的培养同步进行。职业道德是随着社会分工的深化而形成和发展起来的道德规范体系。职业技术教育培养的职业人首先要有职业道德,这样才能使整个行业乃至全社会保持一种和谐的状况。"德才兼备"是我国职业技术教育人才培养的目标。职业道德的高低决定一个国家的经济发展水平和社会的文明发展程度。例如,对会计专业学生,教师要着重引导学生诚实守信,不做假账。

(二) 专业技能训练培养吃苦耐劳的品质

吃苦耐劳是职业成功的基石,任何人要想获得成功,必须经过奋斗和努力,没有吃苦精神就无法达到成功的彼岸,也不能尝到成功的喜悦。古今中外,凡成功者都是在实践和艰苦的环境中磨炼出来的。在我国古代,王羲之的"墨池"、孙康的"映雪",还有孔子"韦编三绝"的故事都是很好的例证。据说孔子读了很多遍《易》,先了解它的内容,再掌握基本要点,接着对其精神、实质有了透彻的理解。孔子还谦虚地说:"假如让我多活几年,我就可以完全掌握《易》的文与质了。"事实证明,只有愿意吃苦、勇于吃苦、不怕吃苦的人,才能出色地完成本职工作。见到困难就退缩的人,根本无法尝到成功的喜悦。职业技能的训练是职业教育的一项重要的实践性环节,需要发扬传统文化中吃苦耐劳的品质,学校针对学生进行训练时,要引导学生以职业亲身体验来赢得亲切感。目前职业技术教育开展的实景化教学就是一种体验式的教学。教师技高业精会对学生产生直接的影响,职业学校要大力培养既是教学能手、又是行业精英的双师型教师,职业技术教育不能脱离社会,要与行业紧密联系。

传统文化教育要贯穿在职业技术教育整个过程之中,对待传统文化应坚持实事求是的科学态度,取其精华,去其糟粕。传统思想中的职业等级观念、官本位特权意识、封闭保守、因循守旧、世故散漫等消极的因素要摒弃,现代社会的竞争观念、效率观念、创新意识、民主意识要进一步加强。职业技术教育要面向职业道德,创新传统文化教育,走出传统文化教育思维的新路,培养符合职业技术发展的高素质、高技能的人才。

**参 考 文 献**

[1] 齐爱平,崔晓静.试析我国传统文化对职业技术教育的影响[J].江苏教育,2010,(33):35.

[2] 蔡乾和.作为文化和具体知识的技术[J].湖北函授大学学报,2006,19(2):24-27.

[3] 韩秋黎.影响技能型人才成长的文化因素初探——中国传统文化观念与职业教育[J].河北大学成人教育学院学报,2007,9(3):30-32.

[4] 赵志强.高职文化建设与传统文化关系的考量[J].华北电力大学学报(社会科学版),2010,(1):132-134.

[5] 赵晶媛.浅谈高校校园文化中的传统文化建设[J].吉林工程技术师范学院学报,2011,27(8):56-58.

二〇一三年四月十五日

# 多渠道开展实景化专业教学，立体化培养现代服务业人才

## ——以苏州旅游与财经高等职业技术学校为例

**摘　要**：工学交替采用实景化实践教学是立体化培养现代服务业人才的关键环节。苏州旅游与财经高等职业技术学校构建五年制高职实景化实践教学模式,通过建立校园实体和校企一体经营等形式,创新人才培养模式。

**关键词**：实践教学；实景化；现代服务业；人才培养；成效

《国家中长期教育改革和发展规划纲要（2010—2020年）》明确指出："职业教育要面向人人、面向社会,着力培养学生的职业道德、职业技能和就业创业能力。"特别强调："以服务为宗旨,以就业为导向,推进教育教学改革。实行工学结合、校企合作、顶岗实习的人才培养模式。"局限在课堂上、实训室的教学显然不能适应人才培养的需要,苏州旅游与财经高等职业技术学校针对现代服务业的专业特点,毕业生将来要与客户交流沟通,全面实施实景化专业教学的新模式,让学生在实践教学中得到提高,从而促进学生的全面发展。

## 一、对本地区现代服务业的发展情况进行调研

近年来,学校所在地苏州市为适应地方经济的快速发展,将发展现代服务业作为产业结构升级和经济发展方式转变放在重要战略地位。苏州市现代服务业已经呈现出快速增长的态势,在国民经济中的比重进一步提升,苏州服务业在继续保持快速增长的同时,外向度进一步提高,结构进一步优化。苏州目前正在积极构筑人才高地,大力实施人才强市战略,紧紧抓住培养、吸引、用好人才三个环节,激励优秀人才从事现代服务业,为服务业内部产业结构的调整提供人才保障。

转型升级中的苏州经济正朝着现代服务业大步迈进,现代服务业人才缺口较大,要求从业人员除掌握一定的工作技能外,更要提升自身的综合素质。为此,学校构建了一个"宽基础、精技能"的具有高职教育鲜明特色的现代服务业

课程体系,不仅重视学生技能的培养,更重视综合知识和素质的提升,特别注重学生人文素养的培养和实用语言的训练,采取课程设置企业岗位化模式,对课程进行系统设计和整体优化,培养拥有良好职业道德、较高文化品位、熟练职业技能、高雅的仪态风范以及具有市场经营意识、熟练运用母语和外语、懂得电子商务的现代服务业复合型管理人才,实现专业人才培养与用人单位的需求零距离对接。

为此,学校创新人才培养实践教学模式,探索旨在培养学生创新能力、应变能力、交际能力的"实景化教学"新模式,并开始了积极的实践。

## 二、构建适合五年制高职的实景化实践教学

学校目前开设了旅游管理(会展)、酒店管理、烹饪工艺与营养、涉外旅游、景观设计、园林技术、艺术设计、表演艺术、会计与审计、财务管理、金融管理与实务、现代物流管理、软件外包服务、商务英语、商务日语等15个五年一贯制高职专业,形成文化旅游、财经商贸、风景园林等三大专业类,全面覆盖现代服务业各领域。但是,现代服务业职业对象是人,在现代服务业校内模拟实训过程中学生没有接触到未来职业对象——客户。而顶岗实习一般都是完成专业学习之后,学生缺乏实际的对客经验,一定程度上会影响企业的经济效益。

从校内学习到企业实习的过程中,苏州旅游与财经高等职业技术学校实行工学交替,让学生有一个职业体验的机会,确保学生适应企业的岗位要求,这个环节可以通过各种渠道进行实景化实训,这样就实现了从原来的"理实一体化教学—顶岗实习"转变为"理实一体化教学—实体实景化实践教学—顶岗实习"。

### 1. 实现实景化实践教学的途径

(1) 将校内部分仿真的实训设施进行改造,成为学校拥有自主权的经营实体,如文化旅游类专业依托学校独立经营的"苏州旅游饭店",财经类专业依托"苏州旅财财务咨询有限公司",商贸类专业依托"苏旅财校校园网上超市"以及校园网上超市实体店,风景园林类专业依托"苏旅财景观园艺有限公司"。这些企业既是学校完全拥有自主权的经营实体,又是由学校的专业教师领衔自主经营的企业,任教教师是典型的"双师型"教师,一边经营,一边教学。

(2) 通过校企合作,建设拥有学校自主权的经营实体。由校企双方共同出资成立的一体化经营实体,如学校与苏州市文化国际旅行社合作建立了"文化国旅苏旅财留园营业部",与百韵贸易有限公司共同建立了"苏旅财百韵超市",

都是由企业管理人员和学校专业教师带领学生共同参与,真正实现市场化的经营。

(3)通过中外合作,依托高素质的师资队伍和先进的硬件设施,实施实景化教学,培养学生的国际竞争力。例如,与澳大利亚蓝山酒店管理学院所有者美国罗瑞特教育集团签署合作协议,共同培养大专层次的国际酒店管理专业的人才。学生每年直接到五星级酒店实习。学校还通过严格选拔,为优秀学生提供到国外短期实习的机会。

**2. 实景化实践教学的内容和形式**

(1)在实景化实践教学的实施过程中,各专业根据实际教学需要,做到因地制宜,统筹安排。如学校的财务咨询有限公司承担一些企业的财务记账工作,为财经类专业的高年级学生搭建会计实践平台,巩固学生已掌握的理论知识,学习和锻炼会计实际操作技能,增强学生的就业竞争力。教师主导,学生参与,利用这个平台开展会计代理记账、财务及税务咨询、申报纳税、企业形象策划、企业管理咨询等业务。每位教师带领5名左右的学生参与自己负责的企业的账务处理。每2个月轮换一批学生。随着业务规模的扩大,让尽可能多的专业教师和学生都能参与进来。

商贸类专业的网上超市经营管理由专业教师担任,具体事务由教师指导学生去承担。从网上超市产品的发布、商品品种的分类、营销活动的开展等都由学生完成。通过实践,学生与人打交道的技巧以及营销能力均得到了提高。

利用"苏旅财景观园艺有限公司",风景园林类专业为学生进行实景化实践教学制订了科学的方案。专业教师负责园艺花卉的生产和经营,学生以实训基地员工的身份来参与公司的各项工作。一般按照项目分成几组,要求在一个生产周期完成后轮换项目组。

(2)进行实景化实践教学的人员基本确定为五年制各专业三年级学生。学生在一、二年级的主要任务是学习专业主干课程和有关基础课程,考取有关职业资格证书,掌握基本的专业技能。在三年级,将学生置身于真实的工作环境,按照工作岗位要求进行实践,既巩固了专业技能,又使学生以员工的身份参与企业的工作,学生的内心感受完全不同于在学校实训室进行的专业技能训练。学生在为顾客服务的同时,还会遇到各种复杂而真实的"意外",需要学生运用在课堂上学习的各种理论知识进行解决。当学生无法解决时,指导教师会及时进行指导。同时,还要培养学生的职业意识、职业习惯和职业法纪观念等。这就是实景化实践教学的根本目的所在。

（3）专业教师在实景教学中，根据教学情况，开展教研活动。交流在实景教学过程中遇到的各种问题，让更多的学生通过实景化实践教学切实提高专业技能和综合能力，让学生在较短的时间内得到更多锻炼，等等。专业指导教师介绍自身经验，并对学生进行思想教育等。学生完成实景化实践教学之后，教师要对学生的记录手册进行认真的研究、分析，并及时反馈，总结出教学中的不足，做好备忘，以加强后期的教学。

（4）对学生在实景化教学期间的学习采用多样化评价手段。特别是校企合作中的实景化教学考核由公司员工和指导教师根据教学与实践完成情况进行评定，学生互评作为参考，考核结束按一定比例评选出先进个人，并予以表彰。

（5）依托国际合作开展实景化教学。中澳合作国际酒店管理项目的实景化实践教学模式以国际一流的实训设施为依托，学生从二年级开始参与实景化实践，在五星级酒店中教学，每次大约半年时间。中澳合作项目每年常驻外籍教师在10人以上，教学质量由外方校长和教务长监控。同时利用国际合作的有利条件，选派中方优秀青年教师出国培训。目前中澳合作项目教师全部为研究生以上学历，其中30%的教师毕业于澳大利亚昆士兰科技大学、瑞士理诺士学院、香港大学等。同时，学校还积极开展海外招生，2010年学校中澳合作项目首届14名留学生顺利毕业。目前还有来自美国、韩国、印尼、伊朗、巴基斯坦等国以及中国港澳地区的在读留学生近20名，在校期间他们和中方学生混合编班，完全实行国际化教育模式。这也是苏州地区同类院校第一次规模化招收留学生进行学历教育。

### 三、实景化实践教学的成效与反思

学校实景化实践教学开展以来，取得了明显的成效：学生技能越加娴熟，知识结构发生变化，社会阅历逐渐丰富，仪容仪表端庄大方，与人交往能力、语言表达能力得到提升，对客服务经验、应急处理能力以及规范化的服务理念意识得到增强，毕业生普通受到用人单位的青睐。

**1. 实景化实践教学取得的成效**

（1）由于五年制学生可塑性强，培养周期长，有利于开展实景化实践教学，培养学生的综合素质和综合应用能力。学生的技能水平得到大幅度提升，2012年在全国职业院校技能大赛中，我校获得7枚金牌、3枚银牌和1枚铜牌的骄人战绩。

（2）突破仿真实训的瓶颈，为学生全方位学习提供可能。在仿真实训中，学生学到的主要是专业技能，而通过实景化实践教学不仅仅提高了专业技能，更为重要的是提升了自身应变能力、语言表达能力、与人交往能力等综合能力，积累了实际对客经验。

（3）为"双师型"教师的成长提供了可能。教师在校属实体中实践，能够全方位了解企业，并运用教师的特长，对企业进行总结和分析，能够直接作用于实体的良性运营，能够编制出适合行业企业需求的人才培养方案、课程标准、教材以及评价体系等。在这种模式下进行的课程改革，能够真正培养出行业企业需求的应用型人才。

（4）为学生就业打下基础。学生在校学习就是在真实的企业中学习，这种提前介入的模式，能够为学生积累企业经验、工作经验，为学生的快速成长提供可能，极大地增强学生就业的竞争力。

（5）拷贝企业经营模式，为学生的创业打下基础。学生在企业的不同岗位进行学习和实习，对企业的整个运行模式非常熟悉，为学生毕业后的创业打下基础。

**2. 实景化实践教学中存在的问题及建议**

（1）实景化实践教学也暴露出一些问题，主要是对学生的评价方式还有待进一步作定性和定量研究。如学生在进行实景化实践教学之前，专业技能和素质、能力达到什么层次和水平，完成实景化实践教学之后是否有提高，提高多少，需要有量化的指标或考核。

（2）教师对学生的指导形式比较单一。只有要求教师不断提高自身的素质，才可能对学生提出更高的要求。

（3）开展现代服务业职业人才培养要有超前意识，需要工商、税务、资金等政府有关部门给予更多支持，对于主动与学校合作的企业，政府是否能给予一定的优惠、激励政策，这是开展实景化实践教学的重要保障。

经过探索，我们认为开展实景化实践教学，培养学生的就业能力和创业能力，在真实运行的实体化实训基地中进行实景化实践教学需要精心设计和组织，实体化实训基地建设必须依托企业，实现与企业的深度合作。我校将继续探索，对五年制高职人才培养模式不断创新，不断总结，进而提炼出新的实践成果。

## 参 考 文 献

[1] 魏毅.也谈高职院校如何深入开展"工学交替、顶岗实习"[J].江西青年职业学院学报,2011,21(2):86-87.

[2] 谢华.高职工学交替与顶岗实习教学模式的应用研究[J].武汉交通职业学院学报,2010,12(2):64-67.

[3] 叶鉴铭,梁宁森,周小海."校企共同体"背景下高职学生职业岗位能力培养新探索[J].职教论坛,2010,(25):37-41.

二〇一三年三月二十四日

# 新网络时代高职校德育案例传播与应用研究

**摘　要**：新网络时代高职院校德育工作面临新的挑战，学生接受信息已经不局限于课堂和学校，而更多的来自网络的信息。学校的德育工作者要利用网络进行德育案例的传播与应用的研究，以"案例"为载体，采取"德育工作实践—案例形成—案例积累—传播分享—案例应用—总结理念—前瞻性探讨"的步骤，相互交流学习，以提升德育工作的水平。

**关键词**：新网络时代；德育案例；传播和应用；研究

国务院总理温家宝在《大力发展职业教育，加快培养高技能人才》中指出："我国职业教育的根本任务，就是培养适应现代化建设需要的高技能专门人才和高素质劳动者。"今天担负高等职业教育的院校除了强化培养学生的专业技能外，更重要的是提高学生综合素养。"育人德为先"，培养学生的道德修养必然渗透着政治的、世界观的、人生观的因素等，所以我们把道德教育、政治教育以及作为世界观、人生观教育的思想教育统称为"德育"。"新网络时代"是指以2005年为起点的十年，是全球互联网快速发展的第三个十年，是中国互联网迅猛发展的第二个十年。

"德育案例"是指高职院校班主任、辅导员、任课教师、学校各部门行政管理人员等全员育人工作中形成的具有先进性、科学性、价值性、可行性的真实事例，教师对个案资料进行整理、研究，再通过网络传播、分享、应用这些案例，从而使高职校的德育工作者，尤其是青年教师，在"新网络时代"层出不穷的新问题面前，能够更好更快地应对，游刃有余地分析问题、解决问题。所以网络德育案例信息库和交流平台的建立，对教师转变传统德育教育观念，适应新形势的发展，借助多媒体网络研究新时期的德育教育有着十分重要的意义。

## 一、新网络时代高职院校德育工作面临的问题

### （一）学生接受信息渠道的多样化、复杂化

互联网改变了人们的生活方式，尤其对青年学生思想道德品质的形成产生

越来越大的影响,高职院校学生业余时间喜欢上网聊天、看新闻、发微博以及在BBS上涂鸦、贴图、上传视频、玩网络游戏等,学生们大面积"触网",使得他们接触新信息、新思想以及新的生活方式的机会大大增加,从而对传统的德育方式的效果提出了挑战。当我们还停留在对个案的"孤岛式"研究的时候,高职院校的学生已经走在了教师的前面,在运用网络分享他们的经验。因此,对于德育工作案例的传播与应用,如果教师还停留在开会交流学习或传统的纸质出版物为载体的阶段,显然是不行的,也是很不利于德育工作的开展的。

（二）高职院校教师队伍的年轻化、专业化

高职院校德育工作的实践日趋多样化、复杂化,而教师队伍越来越年轻化,虽然青年教师的专业水准较高,但面对复杂的德育工作,由于缺乏经验,往往有些不知所措。要建立传、帮、带机制,让老教师带领青年教师,同时青年教师必须充分发挥主观能动性和创造性,把出现的新问题以案例的形式收集起来,进行实践研究,一个一个地加以解决。所以,要使青年教师能够承上启下,快速成长,利用网络,建立以校为本的德育工作案例制度,把学到的理论与对德育工作案例的研究有机结合起来,在问题的解决过程中不断反思,来同化并形成新的德育理念,从而推动德育工作向纵深发展。

（三）教师传统培训的理论化、简单化

传统的教师在职教育,大多以理论、经验的课程培训为主,教师们很难做到"听了能懂,懂了会用"。传播学的"认知不协调"理论认为:人们总是习惯于回避同自己原有认知要素相对立的不协调信息,反而积极接触与之协调的信息。青年教师对不协调信息易于排异、歪曲,难以重构。专业人员所具有的知识大多要嵌入于情境活动之中,需要边做边学,才能学会。通过网络来寻找解决问题的办法是行之有效的,而且不受时空的限制。

建立以校为本的德育工作案例制度,并利用好网络开展校与校、地区之间的分享交流。通过德育案例积累,教师把实际工作与教育研究相结合。重点围绕德育教育的个案进行分析,撰写案例报告。教师可以利用网络寻找同类个案,通过对同类个案的比较研究,从中可以发现新问题,概括出一般性的结论,这就为教育行为提供了科学的指导。

## 二、新网络时代德育案例传播与应用研究策略

要使德育教育贴近社会、贴近生活、贴近学生,学校要建立开发德育案例研究的机制,并加以传播、应用。推广优秀案例成果,制定德育工作案例共享机

制,使之成为理论联系实际的桥梁,让青年一代教师在案例中学习和总结先进的德育工作理念,再将先进的德育工作理念通过案例变为德育工作行为,通过问题的解决将成功的经验运用于德育工作之中,最终促进学生的发展。

（一）组建德育信息资料库

组建德育信息资料库,为德育案例的传播与应用搭建好交流平台。全体教职员工在教育实践中撰写德育工作案例,将典型事实用记叙文的形式写出来,并上传到网上,经过部门负责人的审核后再公开。案例必须真实可靠,有据可查,案例应隐去当事人的姓名和班级。建立德育职教网络平台,旨在加强各校间的德育交流,彰显各校德育风采。各成员单位指定一名工作人员为本校版块管理员,负责审核本校成员注册信息的正确性和发帖的合法性。随着各校德育案例的不断上传,网络信息资源越来越丰富,德育研究交流蔚然成风,德育工作的创新成果就会不断涌现。

（二）形成德育工作案例的传播交流机制

利用网络媒体在传播信息方面的及时、大量、交互等优势,高职院校的德育工作者边学习边运用,可迅速及时地掌握学生的思想动态,了解德育的新内容。网络可以使学校德育教育内容得到扩展,极大地丰富德育教育的资源。

1. 更新德育观念

通过德育案例的传播和共享,高职院校德育工作者要积极深入地研究德育在网络时代的特点和规律,充分认识网络在学校德育工作中的重要地位和作用,从而改变旧的思维方式。采取变堵为疏、积极参与、正确引导的做法,将德育渗透到媒体教育和信息教育之中。教师可利用家校路路通平台跟家长积极沟通,或建立QQ群与学生交流,开展对学生的德育工作。

利用网络德育案例,加强对学生的"网德教育",增强他们的道德判断能力,鼓励他们进行网络道德创新,提高个人修养,养成自律的习惯。学校在传授网络技术的同时,加强网络道德训练,增强学生的网络道德和法制观念,培养良好的网络道德行为,从而改善网络社会道德失范状况。

2. 提升专业化网络德育队伍

在新的形势下,培养一支网络技术业务精通的德育工作者队伍显得尤为紧迫。"新网络时代"要求从事德育工作的干部和教师,学会运用网络,渗透德育工作,解决新网络时代德育工作面临的挑战和问题。这支队伍应当具有深厚的德育理论水平,具有正确的价值观、道德观和责任感;深入了解网络的特征,能熟练地使用网络;具有对学生进行形势教育和解疑答难的能力;会利用网络开展各种德育活动,引导学生积极向上。网络为教师服务的同时,也为学生创设了一个可以自由探索的环境,教师可以通过德育案例的交流,让学生更多地参与进来,发挥他们的创造性和探索精神。

### (三)学会反思德育案例

教育工作者需要经常反思,不断更新观念,这一过程需要经验与理念的共同引领。所以当自己的德育案例受到别人的关注时,也要多关注与自己相似的德育案例,取长补短,并不断完善。

在反思理论性的德育工作与现实的差距中完成向行为转移的飞跃。这一过程需要同伴互助。教育工作者之间不是孤立的,在德育案例的交流平台,大家互动交流,不断碰撞出思想的火花。若遇到困惑,也可借助德育案例交流网络向同伴讨教,这样的策略尤其对青年教师的成长更加有帮助。同时,在反思德育工作行为与学生实际收获间的差距中完成规律的揭示。这一过程是需要专家引领下的行为反省。教师利用网络学习发达国家的科学技术、管理模式和先进经验,并借助世界各地的专家、学者、技术人员的力量发现问题、解决问题。

新网络时代高职院校德育案例的传播与应用的研究,要以"案例"为载体,采取"德育工作实践—案例形成—案例积累—传播分享—案例应用—总结理念—前瞻性探讨"的校本教研途径,采用理论研究、行动研究、案例开发与传播共享研究等方法。在研究中,坚持实践性原则,着眼过程,注重发展,重视操作,强调行动性、开放性与生成性。根据不同的问题,还可以确定不同的研究课题;各研究课题小组及个人充分发挥各自的积极性与主动性,在实践中检验、修正、发展。

新网络时代高职院校德育案例的传播与应用的研究,更应注重高职院校学生职业生涯设计活动的案例,教师要帮助学生多开展职业生涯规划活动,并在各阶段引导学生认识所学的专业,在职业生涯规划活动案例中渗透德育工作,学生的院校生活就会更加丰富多彩,德育案例的交流研究就更加具有实际意义。

### 参 考 文 献

[1] 王敬春.互联网发展与高校网络德育的思考[J].国家教育行政学院学报,2007,(4):41-44.

[2] 赵苍丽.高校网络德育体系的构建与思考[J].扬州大学学报(高教研究版),2011,(2):43-46.

[3] 叶洪珍.浅析高职学生的特点与网络德育的对策[J].南昌教育学院学报,2011,26(4):75-76.

二〇一二年七月二十五日

# 网络时代德育案例传播与应用研究

## ——以苏州旅游与财经高等职业技术学校为例

**摘　要**：网络之于德育有一定的优势，可以促进学生自发的德育意识，网络影响广、视野开阔、娱乐性强。德育之于网络可以有创新，网络德育可以通过QQ群、微信等平台，创新德育教育形式，创新德育实践活动，通过网络平台增加师生互动，克服网络鱼龙混杂、虚拟性强等弱点。通过建设德育网络平台，分享案例，提高德育工作的水平。

**关键词**：高职校；网络德育；实践创新

## 一、网络德育案例传播与应用研究的意义

　　互联网的快速发展，不仅为学生的全面发展提供了更加广阔的空间和更多的机遇，而且使学生的思想道德建设面临了一系列新的挑战。但是，对当前的德育教育，人们往往较多关注其地位的轻重，而较少研究其操作的合理性与实效性。传统德育的种种弊端，迫切需要我们进行深刻的反思和根本的变革。

　　网络所拥有的信息的丰富性、传播的便捷性、表现的多样化、交流的互动性、时空的无限制性和虚拟化等特点，为德育的深化发展提供了前所未有的发展机遇。调查发现，学生均已加入"网民"行列，上网成为学生度过课余时间的主要方式之一。网络大潮对传统教育的观念、途径、形式和内容都提出了最富冲击力的挑战，为适应网络时代的要求，必须创造性地运用互联网这一新的教育载体，实现德育的预期目标。

　　网络让世界浓缩于一个小小的屏幕，又让屏幕成为一个大大的世界。它消除了时间与空间的限制，给人以充分的吸纳信息和自我表达的自由。网络之于德育有一定的优势，可以唤醒学生自发的德育意识，网络影响广、视野开阔、娱乐性强。德育之于网络可以有创新，网络德育可以通过QQ、微信等平台，创新德育教育形式，创新德育实践活动，通过网络平台增加师生互动，克服网络鱼龙混杂、虚拟性强等弱点，可以收到较好的成效。

## 二、实践与创新的内容

### （一）通过德育网络平台的建设来实现教师德育水平的提升

高职学校大部分青年教师在参与学校讲授为主的德育培训后，都很难把听来的知识和技能直接运用到日常德育工作中。青年教师在德育工作上的成熟，更是依赖于老教师的传帮带和自身经验的积累，这与飞速发展的网络时代是不相适应的。随着近年来进入高职学校的80、90后新教师的增加，将会遇到许多依靠过去经验和理论难以解释和应对的问题，这些问题随时产生，因地因人而异，解决这些问题，仅靠专家和教研部门的力量是远远不够的，必须充分发挥高职学校教师的能动性和创造性，把出现的新问题以案例研究的形式，一个一个地加以解决。所以，要让青年教师能够承上启下、快速成长，其关键在于建立网络德育平台，利用团队力量，共同关注并深入开展德育工作案例的研究，在问题的解决过程中不断反思，来同化并形成新的德育理念，从而推动德育工作向纵深发展。

### （二）通过校园网建设网上德育平台，扩大学生的自我教育空间

德育工作进网络可以扩大高职学生自我教育的空间，自我教育主要是指学生个体对自身的教育和学生个体之间的教育。网络是教育的信息源，同时又是信息传播的工具和通信手段，从某种意义上讲，网络教育是一种新型的"自我教育"，学生上网是个体主动行为，高职学生在灵活的网络链接环境中，对自己的学习时间、空间以及内容和过程具有较大的支配权和决定权，可以让学生的自主能力和创新思维得到充分发挥，这无疑会扩大学生自我教育的空间。

网络提供了方便的搜索引擎，学生可以快捷地获取信息。学生通过网络可以随时与教师、同学及相关人士进行交流，还能方便、及时地对自己所学知识和掌握的技能进行测试，并能得到及时的反馈。网络还为学生提供了更多的自由创造空间和多种实践机会，学生可以根据个性需求和个人能力进行个性化的发展。网络把学校相对狭小的传统教育空间变为全社会、开放的空间。

## 三、网络德育案例传播与应用研究所取得的初步成效

### （一）建设了"苏州市职教德育论坛"网络平台

学校从2011年开始着手建设"苏州市职教德育论坛"网络平台，牵头苏州几所高职学校，进行管理员的选定和相关人员的注册。该平台分设五个板块，

分别为:班主任案例分享、德育活动展示、学生管理制度、学生社团展示、学习交流资料。学校从2010年开始每年对班主任提供的案例进行评比,积累了大量的德育工作案例,同步在网上进行发布,以供相互间的交流和学习。

网络环境下的德育教育是互动的、平等的,不是说教、灌输,而是服务、引导。通过职教德育网络平台,为教师设立了一个互相交流、互相启发的平台,以利于教师快速地成长。该平台建设三年来分享了几百个德育案例,通过案例的启示使德育工作在网络环境下有所创新。苏州旅游与财经高等职业技术学校的"文化早餐""宿舍文化节"等多项德育实践活动在网上进行交流,获得了苏州市十大德育创新案例奖。

(二)开展了丰富多彩的网络德育活动,引导学生进行自我教育

网络德育不限时空,可随时进行,学校确立主题,如学生礼仪、文明素养、案例分析等,鼓励学生开展德育题材的PPT、MV等电子作品创作活动,让学生利用自己所学的计算机技术制作精美的电子作品,学生的作品曾多次在各级比赛中获奖。学生还成立了多媒体制作社团,承担了学校大型活动的PPT、MV等电子作品的制作,充分发挥了学生的创造才能,提高了学生的网络品位。

学校班主任自学生进校之日起就和学生一起建立班级网页,下挂在学校德育网站中,让学生锻炼网络建设的能力,群策群力地建设好自己班级的精神园地。利用制作班级网页的过程,锻炼和培养学生的集体意识、创新精神和实践能力,发挥学生的特长,增强学生的自信心和审美能力。此外,鼓励学生在班级网页上建立自己的个人主页,展示自己的才智,提高自己的知名度。学校每学期进行班级网页和个人网页的评比,每次评比都有不同的侧重点,以提高学生对网络知识的学习兴趣。

开展与网络有关的主题活动,如"绿色上网""睁开慧眼看网络"等。学校每年征集与网络有关的主题班会活动,培养学生的网络道德意识。例如,2012年举行的"绿色上网——享受健康的网络生活",全校140多个班级积极参与,学生发表了自己的看法。如财经系进行了"我看网络上的自由"辩论赛,有同学说:网络是一片"没有警察、没有政府、没有军人、没有等级、没有贵贱、没有歧视"的美妙境地。有同学说:网络中没有绝对的自由,网络生活也要遵守网络规则。辩论激烈,道理越辩越明,最后学生达成一致意见:网络生活比现实生活更自由,但没有绝对的"自由",网络上的自由也要遵守道德规范和法律法规,网络是我们共有的生活空间,我们共负建设文明、健康的网络环境的责任。网络生活是现实生活的延伸,因此,上网要遵守相关法律法规。最后,班主任和学生一

起拟定了一份"绿色上网"的承诺书:"创造绿色的网络空间,享受文明的网络生活。做到绿色上网,文明上网。选择有利信息,不恶搞真实信息、不发布虚假信息。一切从我做起,用我们的行动来创造绿色网络,享受健康的网络生活!"2013年全校举行了"睁开慧眼看网络"的主题班会活动。要求每个班级寻找身边同学不良的上网习惯,主要针对学生沉迷网络游戏、耽误学习的情况,网络是天使也是魔鬼,关键看我们如何抑弊扬利,趋利避害,所以用慧眼看清网络是一个不容回避的现实问题。学校通过网络寻找了一些反面案例,发布在网络上,让学生自我对照,以此为鉴。有些班级还表演了相关小品,表现生活中学生沉迷游戏的情景,班主任将活动全程录像,然后上传到网络,学生可以点击观看。

(三)学校被评为2012—2013年江苏省职业教育"德育特色学校"

学校围绕"服务学生,追求卓越"的核心理念,坚持打造"人文校园",以建设优良的校风、教风、学风为核心,以网络为载体,让学生在日常学习生活中接受先进文化的熏陶和文明风尚的感染,形成以"德化育人"为主体,以专业技能和人文素养为翼的"一体两翼"德育工作格局,构建礼仪教育德育体系,积极开展内涵丰富的德育活动,扎实有效地提升学生的人文素养,取得了明显成效。特别是利用网络进行的职教德育网站的建设,校园网中的德育活动的开展多次作为特色进行交流,经学校申报、江苏省职教学会德育工作委员会评委们审核,被评为2012—2013年江苏省职业教育"德育特色学校"。

通过近年来对网络德育的实践与创新的研究,教师对德育的认识发生了改变,师生关系更为融洽了,教师不再惧怕德育工作,对开展网络时代的德育工作更加有信心。

## 参 考 文 献

[1] 曾长秋,薄明华.网络德育学[M].长沙:湖南科学技术出版社,2005.

[2] 蔡丽华."网络德育"与"网络思想政治教育""网德教育"之辨析[J].黑龙江高教研究,2012,30(1):109 – 111.

[3] 黄华锋.论高校网络德育平台的构建[J].福建师大福清分校学报,2012,(4):31 – 34.

[4] 邱丽丹.微时代高职德育方式的改革创新[J].中国成人教育,2014,(20):86 – 88.

[5] 刘海燕.高职院校德育创新发展研究[J].佳木斯职业学院学报,2016,(3):179,181.

二〇一二年八月十日

# 五年制高职学生实施分层德育管理的研究

**摘　要**：针对五年制高职学生的年龄阶段、思想素质、行为习惯的差异性，根据素质教育的要求，对学生实施分层次德育管理，制定明晰的分层次德育目标，从而实现不同层次学生的最优发展。

**关键词**：五年制高职；分层次；德育管理

## 一、五年制高职分层次德育管理的必要性

所谓分层次德育管理，就是针对学生的年龄阶段、思想状况、行为习惯、兴趣特点的差异性，将学生划分为若干层次，并根据不同的层次，有区别地设计德育管理的目标，制定德育管理的内容，实施分层次的管理，使每个学生都能获得最佳教育方案，得到最优化的发展。

五年制高职教育对象分为未成年阶段学生和成年阶段学生，他们生活、学习在同一校区，学校德育管理面临很多困惑和难题。尤其是学生的年龄层次凸显，处在两个青春阶段的学生，其生理发育、心理发展、情感需求以及现实需要是不同的。学生的文化素质参差不齐，行为习惯较差，传统的德育管理模式不适应问题日渐突出。因此，学校德育管理在目标、内容、措施方面有必要进行分层次设置、实施和管理，以期达到更好的教育效果。如果学生一入学就突出高职学生自主管理的模式，学生就如脱缰野马一般，最终无法适应社会的需求。而四年级学生如果仍然按照未成年人的全程化德育管理进行，没有学生自我管理、自我学习的空间，学生同样也不能适应社会需求，只会机械地服从，没有任何创新能力。所以五年制高职校学生实施分层次德育管理，对于五年制高等职业教育有着重要的现实意义。

教育学差异理论认为，学生不同年龄阶段存在着生理、心理和社会文化等方面的差别，特别是未成年人（指年满十八周岁之前）的思想行为，则需要特别的教育和管理引导。五年制高职校一、二年级学生年龄大都在15—16周岁之间，他们活泼好动，思想不成熟，容易受周围环境的影响，性格叛逆，如果按照高

职校学生自我管理为主的模式,学生必将自由散漫,家长也绝不会放心。而到了三年级,大多数学生已年满18岁,走向成人阶段,学校的德育管理要适度给予他们一些空间,不应再死板地管理,要充分发挥他们的主观能动性,以学生的自主管理为主要手段,开始放手让学生对自己的行为负责,学会各种交流沟通的技巧,为踏上社会做好充分准备。

## 二、五年制高职分层次德育管理的目标与内容

(一)未成年阶段德育管理的目标和内容

**1. 德育目标**

适应新环境,从学习意识、生活习惯、思想特点、心理特征等各方面完成从初中生到高职学生的转变。树立明确的职业理想,养成良好的职业道德;具备基本的礼仪知识,养成良好的生活习惯;学好本专业的文化知识,具有良好的相关技能;具备一定的心理健康常识,学会调节自己的心绪。

**2. 德育内容**

(1)了解新学校,熟知新要求,养成好习惯;帮助学生尽快适应新的学习生活环境,培养较好的生活自理能力和克服困难的品质;以行为养成教育为主,熟知学校一系列纪律条例、规章制度和各项规定,培养一定的文化艺术修养,养成锻炼身体的好习惯;培养一定的社会实践能力和较强的劳动观念。

(2)了解专业性,树立新目标,培养进取心;了解高职教育的性质和培养目标,熟知所学专业的特点,明确学习目的,端正学习态度;引导学生明确学习目标和成才方向,养成良好的学习和生活习惯。

(3)树立明确的职业理想,养成良好的职业道德;具备基本的礼仪知识,养成良好的生活习惯;树立正确的人生观,正确理解和履行公民的权利和义务;学好本专业的文化知识,具有良好的相关技能;具备一定的心理健康常识,学会调节自己的心绪。

(4)热爱班级集体,增强集体荣誉感和团队精神,学会处理和建立和谐的人际关系;建立新生入学档案,并对心理有一定障碍的学生建立个体心理健康档案。

(5)加大基础道德教育、纪律教育、法制教育和各项管理力度,巩固已形成的良好的学习和生活习惯,进一步增强学生的自律意识、慎独意识、自爱意识和自我教育意识。

(6)通过树立和培养学生中勤奋学习、刻苦钻研、勤于思考、开拓创新的先进典型,帮助和引导学生树立牢固的学习意识和强烈的求知欲望,形成良好的

学习氛围。

（7）注重了解和掌握学生的各种思想和心理信息；在加大教育力度的基础上，建立学生个人诚信档案，重视培养学生健康的心理素质和健全的人格。

（8）进行正确的择友观、恋爱观教育，促进学生积极、健康地发展，对行为习惯较差的学生加大帮教力度，尽可能避免两极分化。

（二）成年阶段德育管理的目标和内容

**1. 德育目标**

增强学生的社会参与意识、社会责任感和竞争意识，树立爱岗敬业精神；具备一定的社交能力、自我表现能力和组织能力，有较好的心理素质；具有良好的本专业知识和技能，具备一定的解决实际问题的综合技术应用能力；培养创新精神和创造能力，全面提高综合素质。

**2. 德育内容**

（1）注意培养学生的团队意识，根据这一阶段学生的思想和心理特征，通过各种形式的教育活动，重点增强他们的社会竞争意识、自我挑战意识；帮助学生确立正确的择业观，正确处理个人理想和国家需要、事业需要的关系。

（2）加强学生年龄意识和自我管理、自律意识的培养；树立正确的社会价值观，注重学生健全人格的培养；启发学生自觉增强社会奉献意识，树立为国家、为民族、为社会服务的高尚的价值观念；开展社会公德教育，组织"人与社会"报告会，组织各项社会公益活动，组织义务献血活动。

（3）引导学生学会如何学习，善于培养学生的学习兴趣，运用学生求知欲、好奇心等内部动机和争取表扬、奖励等外部动机这两类驱动力，激发学生的学习动力；减少在学业上的挫折感，让他们在社会实践和学校的各种活动中勇于选择挑战性任务、显露特长、施展才华。

（4）结合专业学习，组织各项以提高大学生科技意识的活动；聘请专家作"科技兴国与民族振兴"报告会；组织学生开展以小发明、小创造等提高专业技能为内容的科技竞赛或科技节活动。

（5）组织各项社会实践活动，开展暑期社会调查；组织一定数量的校园劳动，以增强大学生对学校的感情；根据专业学习情况，有计划地安排实习。

（6）开展尊师爱校教育、文明离校教育，组织"献给母校的爱"公益活动，组织"我为母校留下什么"的主题班会，组织毕业生留念或签名活动，组织"师姐师哥的期望"联谊活动或文艺演出，举行隆重的毕业典礼。

（7）特别需要注意的是，三年级要进行从未成年人到成年人的教育，要举行庄严的成人仪式,进行公民道德的教育,培养学生的社会责任感,学习《宪法》和有关法律条文,使学生增强成人意识和公民意识。

### 三、五年制高职分层次德育管理的措施

(一) 分区域管理

根据各校的实际情况,对五年制高职学生按照一、二、三年级和四、五年级分开划分教学区域的办法进行管理,前三年的学生按照未成年人的特点采用全程化管理的模式,根据不同的专业和所属的系部相对集中管理。如有条件的学校有两个以上的校区就可以分出中职部和高职部,将四年级以上学生的教学教育活动放到高职部进行。高职部的学生可以采用走班制,并配备较先进的监控设备。计算机房、阅览室、图书馆,最好能全天候开放;也可以开放一些选修教室和学生活动室,供学生在课余时间活动。

(二) 分层次德育管理的内容

以中共中央、国务院《关于进一步加强和改进未成年人思想道德建设的若干意见》为依据,对低年级学生在校期间全程进行德育管理,早读课,班主任下班级记录学生出勤情况,对没有按时到校的学生,教师立即与家长联系,并将有关情况逐级上报。自修课、晚自修,班主任必须严格执行点名制度。五年制高职校要以招收五年制学生为主体,重点研究初中毕业生进入职业学校后的适应和转变,扭转学生养成的不良习惯。

对高年级学生,以中共中央、国务院《关于进一步加强和改进大学生思想政治教育的意见》为依据,在校期间主要采用学生自主德育管理,学校积极引导学生学会管理自己的课余时间。早读、早操、自修课、晚自修均不作死板的要求,学生可以进教室、阅览室、图书馆、计算机房等场所学习。对已经进入成年阶段的学生,多进行责任意识的教育和职业生涯的规划。

(三) 分层次管理的形式

对低年级学生,继续实行班主任管理制度,重点对学生进行文明礼仪习惯的养成教育。对四年级学生,实施辅导员制度,辅导员一般负责两个班级的管理,辅导员按照高职校《辅导员工作条例》开展日常的管理工作。高职学生的管理遵循学生德育工作和思想政治工作在教育方式上多元化这一规律,学生思想教育工作应采取开放性、民主性、多元性、实效性的方式,如在四年级学生中聘任助理辅导员制度,以便锻炼高年级学生的工作能力,实现高年级学生与低年

级学生感情的交流和思想的沟通,全面做好学生工作。

突出学生自主意识的培养,加强学生社团建设,广泛开展各种社团活动,给学生提供更多更宽的展现个人才能的舞台。建立学生社团工作网站,让学生充分发挥自主管理的作用。聘请专家学者开展不同主题的知识讲座,进行人文思想教育、爱国主义教育、耐挫能力教育、感恩教育及专业知识提升、专业素质教育。走出校园,走向社会,开展多种形式的下企业、进社会活动,让学生明确奋斗方向。

五年制高职教育从能力本位发展到当前最受关注的人本位,人本位的高职教育价值取向是知识、能力、态度取向的统一,就是以能力为前提,知识为基础,态度为根本。德育管理不能再用老一套模式,要根据社会对职业人才的要求,进行研究和创新,五年制高职学生分层次德育管理就是一种尝试。尤其配合五年制高职校的人才培养模式,成年阶段的学生主要采用以教师和学生共同参与的项目学习小组进行合作性学习,在教师指导下,学生开展自主研究实践活动,将教师的教、学生的学和实践活动中的做相互融合,形成教学做合一的学习模式,培养学生的职业意识和职业能力。

## 参 考 文 献

[1] 郭双华.浅淡五年制高职高等教育阶段的学生管理[J].西北成人教育学院学报,2009,(1):25-28.

[2] 马良生.论发展五年制高职教育[J].江苏开放大学学报,2010,(1):5-10.

[3] 杨建慧.五年制高职学生的特点及教育对策初探[J].现代企业教育,2010,(2):71-72.

[4] 周佳曦.江苏省五年制高职校生管理浅议[J].太原城市职业技术学院学报,2010,(5):59-60.

[5] 戴丽芬.浅淡五年制高职学生思想政治工作[J].教育教学论坛,2010,(14):126-127.

[6] 王秀敏,晋会杰.五年制高职教育存在的问题及对策研究[J].魅力中国,2010,(20):254-255.

[7] 李红,孙敏志,李杰斌.谈五年制大专生班级学生自我管理[J].价值工程,2010;29(30):198.

[8] 孙晶.五年制高职辅导员如何做好学生的德育工作[J].考试周刊,2011,(7):197-198.

二〇一二年四月三日

# 高职校创新性德育活动可行性调研

**摘　要**：高职校的德育既要遵循思想道德建设的普遍规律，又要适应学生身心成长的特点和接受能力，从他们的思想实际和生活实际出发，深入浅出，寓教于乐，循序渐进。本文从实际出发进行调研，并组织实施，以进一步增强工作的针对性和实效性，增强吸引力和感染力。

**关键词**：五年制高职；德育创新；活动调研

## 一、研究的缘起

中共中央国务院《关于进一步加强和改进未成年人思想道德建设的若干意见》中对德育工作明确要求："要遵循以下原则：坚持与培育"四有"新人的目标相一致、与社会主义市场经济相适应、与社会主义法律规范相协调、与中华民族传统美德相承接的原则。既要体现优良传统，又要反映时代特点，始终保持生机与活力。坚持贴近实际、贴近生活、贴近未成年人的原则。既要遵循思想道德建设的普遍规律，又要适应未成年人身心成长的特点和接受能力，从他们的思想实际和生活实际出发，深入浅出，寓教于乐，循序渐进。多用鲜活通俗的语言，多用生动典型的事例，多用喜闻乐见的形式，多用疏导的方法、参与的方法、讨论的方法，进一步增强工作的针对性和实效性，增强吸引力和感染力。"

高职德育活动的创新是指高职德育工作者观念的创新、德育内容的创新以及德育教育手段、途径的创新。苏州国际教育园2003年建成，之后各校陆续迁入新校区，这是一个高度开放的教育园，面临的是完全开放的校园环境，迫使我们去创新德育的各项内容。2009年新生入学时学校发放《学生服务手册》，此手册受到学生和家长的普遍欢迎，媒体对此进行了专题采访和报道。在新形势下必须转变教育观念，以服务的理念和教育的理念相结合的方式来开展新型的德育活动，着手进行创新性德育活动可行性调研。

## 二、可行性调研结果

（一）在旧的德育形式下注入新的德育内容

要改变传统德育中的注入式为启发式、讨论式、引导式教育，贯彻疏导方针，培养学生主动思考问题的自觉性；努力建树生动活泼、民主平等的班风和学风。开展"文化早餐"活动，意在让学生通过一定的方式，汲取精神文化营养，以满足学生的精神需求，提高学生的文化素质、审美情趣；同时培养和锻炼学生的口头演讲能力，为他们今后顺利求职、就业、人际沟通等打下良好的基础。实施前我们对早读课做了一个调查（参与调查人数共计5523人），具体如下表所示：

| 集体朗读课文 | 集体默写英语单词 | 教师进行晨会教育 | 自主安排预习、复习 | 学生上台发表演讲 | 学生分组讨论 |
|---|---|---|---|---|---|
| 484（8.8%） | 235（4.3%） | 153（2.8%） | 750（13.6%） | 3093（56.0%） | 862（15.6%） |

由调查结果可以看出，学生早读效果并不理想。为此，学校采取了以下一些措施。统一时间：每周两次，上午8:00-8:30。统一形式：课堂演讲、朗诵点评、主题班会。统一内容：中华民族优秀传统文化、道德文化；与时俱进的时代文化、时代精神；校园文化；文学艺术；专业文化；企业文化……根据不同年级作不同要求。第一学年：中华民族优秀传统文化、道德文化。第二学年：时代文化、时代精神、文学艺术。第三学年：校园文化、文学艺术、企业文化等。当然不同的专业早读的内容可有所不同。

在实施过程中，每月各班推荐精品，每月各系将精品汇总成册，并且将部分获奖精品通过橱窗、展板等形式展示出来。一个学期后，学校要求各系做阶段性的总结，并召开了全校性的班主任"文化早餐"工作经验交流会。学校于2007年6月份召开了学生"名厨制佳肴"的演讲比赛，通过录像转播的方式将优秀的文化早餐的成果在全校师生面前展示。

学校制定了相关奖励政策，每学期进行评比。各班级进行"每周精品"（班级人数的10%）、"每月精品"（班级人数的10%，在"每周精品"的基础上）评选，对学生进行精神奖励，各系团总支对各班选送的"每月精品"进行评比，将优秀稿件送团委广播站审稿，优秀者可到广播站演讲，并在学校宣传橱窗中展出。

"一日之计在于晨"，早读课的琅琅读书声让校园充满了生机与朝气。在传统的早读课中加入新的内涵，让学生自己搜集、整理资料，并在班级同学面前朗诵、演讲，展示风采，切实地锻炼了能力。在查找资料的过程中，学生们也能打开眼界。各个专业还可根据需要了解专业文化,了解社会新闻,了解最新的行业动态。

(二)以创新的德育活动引入学生的宿舍生活

校园文化生活作为和谐社会、和谐校园的重要部分,在培养学生和谐意识、健康生活价值取向方面发挥着越来越重要的作用。满足和丰富在校学生的业余生活文化,则是学校提高人才培养质量的一个重要途径,也是构建和谐校园的一个重要理念。

我们对学生宿舍活动进行了详细的调研(参与调查人数共计2975人),调查结果如下表所示:

| 上网聊天、打游戏 | 自学和复习 | 生日等活动 | 美化宿舍评比活动 | 自理能力比赛 |
| --- | --- | --- | --- | --- |
| 753<br>(25.3%) | 92<br>(3.1%) | 176<br>(5.9%) | 1062<br>(35.7%) | 896<br>(30.1%) |

调查结果表明,部分学生喜欢上网聊天、打游戏,但大部分学生渴望集体活动,为此,学校开展了宿舍文化节活动。

为创建"文明校园"活动,丰富学生的宿舍文化生活,营造良好的寝室文化氛围,增强寝室凝聚力,学校开展了"我秀我家"宿舍美化设计大赛、"洗衣乐园"清洁衣物比赛、"心灵寄语"征文大赛等多项面向全体住宿学生的各项比赛。让学生们用睿智的头脑、灵巧的双手,点缀生活空间,诠释理想的生活和飞扬的梦想。

宿舍设计内容分为寝室名设计和宿舍风格设计。寝室名设计要求各参赛宿舍都须根据本寝室特点取名。如有些宿舍取名为"墨雅轩""阳光地带"等言简意赅之名或"击楫阁""胜蓝室"等引自诗词蕴涵哲理之名或"知行屋""修身堂"等用以自勉、催人奋进之名。宿舍设计内容必须积极向上,健康活泼,体现学生的朝气、活力,能体现出宿舍成员的共同理想与追求。具体形式不设定,各宿舍可自由确定其内容,但须有突出的特点,一目了然。宿舍装饰设计合理,富有美感,风格鲜明,体现积极健康的精神风格。倡导自制,不提倡购买成品装饰或墙壁贴画。

住宿学生以宿舍为单位进行评比,由各系团总支进行初赛评比,优胜宿舍及个人推选后上报校团委进行决赛评比。经过激烈的角逐,同学们加深了相互之间的了解,认识到了团结协作的重要性,为以后更好地融入集体生活奠定了基础。

通过形式多样的宿舍文化活动,学生树立了集体荣誉感,培养了团队意识,增强了动手能力,提高了独立自主的能力,开创了宿舍管理工作的一个新纪元,在宿舍文化节中,涌现出了一大批先进宿舍和个人。

(三)以服务的姿态出现改变德育管理部门的做法

学校编写了《学生服务手册》,为打造好新生对学校的第一印象,教材从学生的角度,以学生提出问题的形式出现,解答疑问。全书分入学篇、概况篇、学业篇、素质篇、发展篇、生活篇、就业篇,关注学生在校的全程发展。并精心选取了《苏州市区主要旅游景点》,介绍了盘门景区、虎丘、北寺塔、寒山寺、拙政园、留园、网师园、沧浪亭、狮子林、怡园等。突出旅游类学校的特色,图文并茂。书的最后收录了苏州市区主要医院和地址以及联系电话。

## 三、开展德育创新活动的可行性建议

通过以上三个德育创新活动的推行,说明德育创新教育可以实施,只要高职德育工作者观念创新,改变一下形式或者内容,德育教育一定会行之有效。

(1)教育工作者要树立新的人才观,打破以往旧的思维方式,多与学生沟通,找到各种创新的德育形式,多开展创新性德育活动。

(2)大力建设校园文化。校园文化具有重要的育人功能,要建设体现社会主义特点、时代特征和学校特色的校园文化,形成优良的校风、教风和学风。大力加强大学生文化素质教育,开展丰富多彩、积极向上的学术、科技、体育、艺术和娱乐活动,把德育与智育、体育、美育有机结合起来,寓教育于文化活动之中。

(3)五年一贯制高职德育创新,还应注重营造高职德育氛围,进一步加强校园文化建设和校外德育基地建设。根据不同专业,开展校园文化节和技能比赛,弘扬中华民族的优秀文化,努力提高学生的科学和人文素质。

(4)关心学生社团组织建设,鼓励学生展示个性、发掘潜能。

(5)加强高职学生实习、实训阶段的德育工作,引导学生自觉以社会导向、职业导向修正自己的奋斗目标;用企业的规章制度、职业道德规范学生的行为,真正把高职学生培养成为受企业欢迎的、思想政治素质好、业务精的技能型人才。

二〇〇九年十月二十日

# 五年一贯制高职德育活动创新性研究

**摘 要：** 高职德育创新是指高职德育工作者观念的创新、德育内容的创新以及德育教育手段、途径的创新。通过开展形式多样的德育活动，树立学生的集体荣誉感，培养团队意识，增强动手能力，提高独立自主能力。

**关键词：** 五年一贯制；高职德育；创新研究

苏州国际教育园坐落于苏州市上方山麓、石湖之畔，自然景色优美，文化古迹丰富。国际教育园各院校之间无围墙阻隔，阡陌交通，是苏州市政府举办的高职教育的基地，而石湖地区又是浓缩了吴地文化之精华，集中反映区域的特定历史和文化内涵，蕴涵了浓郁的人文气息的场所。15所高职院校集中在石湖地区，更有利于弘扬苏州的历史文化传统教育，各校将现代的科学技术的学习和苏州传统的人文历史进行交融，有利于学生的人格培养，也是高职德育创新的内涵之一。

高职德育创新是指高职德育工作者观念的创新、德育内容的创新以及德育教育手段、途径的创新。我校是一所五年一贯制高职学校，政府为我们提供了一个人文底蕴深厚的环境，从搬迁到国际教育园的第一天开始就感受到一种全新的模式。开放式的校园环境，迫使学校去创新德育的各项内容，用传统的管好一扇校门的方式则完全不适应了。

五年一贯制职业学校的学生经历未成年和成年两个人生的阶段，学校认真研究，大胆创新，开展了丰富多彩、生动活泼的德育活动。2007年苏州市教育局为进一步落实科学发展观，推动学校德育工作的改进创新，向全市职业院校征集德育工作十大创新案例。要求各校推荐一个优秀德育创新案例，提炼近五年来学校德育工作中具有创意、产生积极影响的活动。参评案例要"新"：主题突出，创意新颖；措施具体，特色鲜明；形式生动，真实感人。参评案例要"实"：具有时代性、针对性和可操作性，吸引力和感染力大，群众认可，学生欢迎，效果显著。由于我校重视德育工作，从起初的研究开放式校园的管理到扭转五年一贯制等于"3+2"的错误思想，德育工作取得了显著的成效。在众多的案例中选择申报了"文化早餐"活动,该活动一举成为苏州市教育局评选的十大创新案例,并向全市推广。2008年又一次申报了"宿舍文化节",在全市的德育工作会议上进行介绍,并再次当选苏州市教育局评选的十大创新案例。学校从提高学生的人文素质出发,在培养学生的专业知识和技能的同时,对学生进行历史、文学、地理、时事政治、宗教等知识的传播;通过鉴赏音乐、美术、影视、戏剧、摄影等优秀作品,培养学生的兴趣、爱好和情操,提升他们高雅的气质。

## 一、"文化早餐"活动

改变原来德育教育中的注入式为启发式、讨论式教育,贯彻疏导方针,培养学生主动思考问题的自觉性;努力建树生动活泼、民主平等的良好班风和学风;发扬教学民主、平等待人的作风,支持学生畅所欲言,允许发表不同的意见,促使学生发挥各自优势,各显其能,形成你追我赶、奋力争先的生动局面。

开展"文化早餐"活动,意在让学生通过一定的方式,汲取精神文化营养,满足学生的精神需求,提高学生的文化素质、审美情趣;同时培养和锻炼学生的口头演讲能力,为他们今后顺利求职、就业、进行人际沟通等打下良好的基础。

我校从2005年2月份开始举办此项活动,首先统一制订活动方案,各系根据方案具体落实到各班级实施。

我们的具体做法如下:统一时间:每周两次,上午8:00-8:30。统一形式:课堂演讲、朗诵点评、主题班会。统一内容:中华民族优秀传统文化、道德文化;与时俱进的时代文化、时代精神;校园文化;文学艺术;专业文化;企业文化;等等。根据不同年级作不同要求。第一学年,中华民族优秀传统文化、道德文化;第二学年,时代文化、时代精神、文学艺术;第三学年,校园文化、文学艺术、礼仪文化;第四学年,社交文化、文学艺术、专业文化、企业文化、职场动态等。当然不同的专业按照不同的内容去表述。

活动开展的第一学期,对"文化早餐"活动形式作了统一的指导和要求,基本采用演讲的形式,具体要求如下:(1)围绕主题;(2)联系自身或现实情况;(3)一年级至少1分钟,二年级至少2分钟,三年级开始至少3分钟;(4)班主任对演讲稿要事先审阅,对一年级学生要着重指导,对二年级及以上学生要求脱稿演讲;(5)班主任在每天"文化早餐"课最后作适当点评。"文化早餐"与主题班会有机地结合起来,每学期召开一次与本学期"文化早餐"内容相关、形式多样的主题班会。

学校每学期进行评比。各班级进行"每周精品"(班级人数的10%)、"每月精品"（班级人数的10%，在"每周精品"的基础上）评选，对学生进行精神奖励，各系团总支对各班选送的"每月精品"进行评比，将优秀稿件送团委广播站审稿，对确属优秀者可让其到广播站演讲，并在学校宣传橱窗中展出（附演讲者照片）。学期结束时，学校要求各系作阶段性的总结，并召开全校性的班主任"文化早餐"工作经验交流会。学校于2007年6月份召开了学生"名厨制佳肴"的演讲比赛，通过录像转播的方式将优秀的文化早餐的成果展示在全校师生面前。"文化早餐"活动得到了全校师生的认可和好评，已成为了我校的一项常规德育工作。学校要求各系针对本系学生的特点，结合专业特色，分专业分年级制订每学期的"文化早餐"计划，各系组织各班级开展更加有针对性的活动，切实让"文化早餐"越来越丰盛，越来越有营养！

除了要求学生掌握好文化基础知识、练就专业技能以外，学校同时也加强培养学生的文化素养以及口头表达能力等。学校在传统的早读课中加入了新的内涵，让学生自己搜集、整理资料，然后在班级同学面前朗诵、演讲，展示自我的风采，切实地锻炼了学生的能力。在查找资料的过程中，学生们也能开阔自己的眼界，从传统文化、时代文化，到礼仪文化、社交文化，到毕业实习前夕的企业文化、职场文化，"文化早餐"内容十分丰盛。

### 二、"宿舍文化节"活动

随着学校教育教学及后勤社会化改革的不断发展，校园文化生活作为和谐社会、和谐校园的重要部分，在培养学生和谐意识、健康生活价值取向方面发挥着越来越重要的作用。构建和谐校园文化生活是新形势下对学校提出的一个新课题，满足和丰富在校学生的业余生活文化，则是学校提高人才培养质量的一个重要途径，也是构建和谐校园的一个重要理念。

"宿舍文化节"活动的策略如下：

（1）以学生为本，提倡自我管理。"以学生为本"是"宿舍文化"建设工作的出发点和落脚点。我们以"服务是一种教育"为理念，以围绕"育人"和"成才"作为我们的工作重心。在学工处、校团委的指导下组建"学生宿舍自律委员会"，我校制订了"自律章程""干部工作条例""考核办法"，建立了值班制度、检查评比制度和例会制度。生活区5幢宿舍楼内设有学生宿舍单元长、层长、室长等一系列学生干部，各司其责，相互制约，相互配合。

（2）以学生为本，凝聚"建设"合力。宿舍是学生休息和生活的场所，是相对自由的空间，要建设良好的健康向上的宿舍文化，单靠学校宿舍管理人员是远远不够的。学校充分发挥学生宿舍自律委员会的积极性,由宿舍管理人员指挥实施,确保全方面参与宿舍文化的建设工作。

(3)以学生为本,注重培训。在"宿舍文化"的建设中注重对学生的培训工作,使活动能可持续性发展。

(4)以学生为本,打造育人氛围。抓好"宿舍文化"氛围的营造,开展各种活动,推进"宿舍文化"建设。

2008年10月8日—30日,为配合创建"和谐校园"活动,丰富学生宿舍文化生活,营造良好的寝室文化氛围,增强寝室凝聚力,发挥各宿舍特长和"团结友爱、互帮互助"的精神,我校团委在校党委的领导下,根据我校住宿学生较多这一特点,开展了第二届校园"宿舍文化节"活动。在这次"宿舍文化节"活动中,开展了"我秀我家"宿舍美化设计大赛、"洗衣乐园"清洁衣物比赛、"心灵寄语"征文大赛等多项面向全校住宿学生的各项比赛。让学生们用睿智的头脑、灵巧的双手,点缀生活空间,诠释理想的生活和飞扬的梦想。

比赛内容有寝室名设计和宿舍风格设计。寝室名设计要求各参赛宿舍都须根据本寝室特点取名。如"墨雅轩""阳光地带"等言简意赅之名,或"击楫阁""胜蓝室"等引自诗词蕴涵哲理之名,或"知行屋""修身堂"等用以自勉、催人奋进之名。宿舍风格设计要求如下:(1)宿舍设计内容必须积极向上、健康活泼,体现学生的朝气、活力,能体现出宿舍成员的共同理想与追求。(2)具体形式不设定,各宿舍可自由确定其内容,但须有突出的特点,一目了然。(3)宿舍装饰设计合理,富有美感,风格鲜明,有寝室感情、名人名言或寝室公约,体现积极、健康的精神风格。(4)取一个符合本宿舍特定文化氛围的名称于室内合适的地方。(5)倡导自制,不提倡购买成品装饰或墙壁贴画。

在校住宿学生以宿舍为单位进行评比,由各系团总支进行初赛评比,优胜宿舍及个人推选后上报校团委进行决赛评比。通过此次活动,同学们加深了相互之间的了解,丰富了学生的第二课堂,学生认识到了团结协作的重要性,为大家以后更好地融入集体生活奠定了基础。

同学们通过形式多样的"宿舍文化节"活动,树立了集体荣誉感,培养了团队意识,增强了动手能力,提高了独立自主的能力。本次活动开创了学校宿舍管理工作的一个新纪元,在"宿舍文化节"活动中,涌现出了一大批先进宿舍和个人,为我校以后的宿管工作迎来了一个良好的开端。

对于我校的住宿学生来说,大多是第一次离开父母,尝试着自己独立生活,且要与同龄人集体相处,这是一次不小的挑战。如何让他们的住宿生活丰富多彩，在集体生活中快乐成长，这是教师要思考和解决的问题。学校以"宿舍文化节"活动为载体，在整洁美观的宿舍基础上加入学生们的创意布置、书法作品、亲自制作的装饰画和装饰挂件，取一个大家一起冥思的宿舍雅号，合作撰写一篇集体的介绍，每个环节都需要大家合作与思考、付诸行动，让大家在过程中感受住宿生活的乐趣！

### 三、新生《学生服务手册》管理的全新的模式

新生入校，对一个新的环境不熟悉，怎样尽快让新生了解学校、热爱学校呢？每年新生入学时发放《学生服务手册》，书中全部以学生的口吻、用问答的形式来撰写，其中包括对学校概况的介绍，对学生行为素养、生活习惯、个人发展及就业知识的指引与讲解。

《学生服务手册》涉及面广，考虑细致，而且都以问题的形式出现，站在学生的角度解答疑问。不仅使新生对新的教学环境有了初步、感性、扼要的了解，更巧妙地将学校的办学理念、培养目标、学习任务等相关信息潜移默化地渗入其中，使新生一到学校，即可了解学校人性化的办学方式，对新的环境留下美好的印象。同时，大大降低了教师的工作强度，提高工作效率，事半功倍！

五年一贯制高职德育工作者观念创新，就是要求德育工作者转变观念，树立新的人才观。高职学生除了具备专业基础知识和基本技能以外，还应具备全面优良的素质，即：无论社会如何变化，都需要的、超越时代性的基本素质和适应社会变化的"时代性"素质。也就是说，要具有理想抱负和正确的价值观、人生观与世界观；具有强烈的爱国热情和社会责任感；具有平等观、正义感和团结合作精神，诚实信用，善于自律，有较强的自我教育意识和自我控制能力等；有强烈的学业进取心，具有不断更新知识的能力、强烈的创新意识、创新思维和实践动手能力；不但能勇于接受挑战、参与竞争，而且能关心他人、与人共事；专业知识与思想品德、身心素质能充分发展、和谐统一。管理制度要符合青年学生的身心发展规律，科学公正、宽严适度，注重导向性；素质评价体系要有利于学生综合素质的提高和特长的展示，有利于个性的发展和创造性才能的充分发挥。

五年一贯制高职德育创新，还应注重营造高职德育氛围，学校将进一步加强校园文化建设和校外德育基地建设。根据不同专业，开展校园科技文化节和技能比武活动，弘扬中华民族的优秀文化，努力提高学生的科学和人文素质；关心学生社团组织建设，鼓励学生展示个性、发掘潜能；支持学生参与民主管理，

努力提高学生的主体意识和组织协调能力;积极开展心理健康教育,促进其人格的健康发展。同时加强高职学生实习、实训阶段的德育,引导学生自觉以社会导向、职业导向修正自己的奋斗目标;用企业的规章制度、职业道德规范学生的行为,指导学生如何做人,真正把高职学生培养成为受企业欢迎的、思想政治素质好、业务精的技能性人才。

二〇〇九年十二月十日

# 五年制高职急待建立学分制管理模式

**摘　要**：学分制是以选课为前提，以学分作为量化的单位，以取得必要的最低学分作为毕业和获得学位标准的一种教学管理制度。五年制高职应该积极实施学分制，强化学生职业技能训练，培养学生实践能力、创新能力和创业能力，提高就业层次，拓宽就业渠道。

**关键词**：五年制高职；学分制；管理模式

所谓学分制，是以选课为前提，以学分作为量化的单位，以取得必要的最低学分作为毕业和获得学位标准的一种教学管理制度。

学分制对提高高职教学质量大有裨益。学生可根据自己的实际情况来选择学时和课程，达到真正学有所好、学有所成。同时，学生选课、选教师使教师上课"创造"的收入一目了然，这就促使教师不断更新知识，提高教学质量。学分制还可整合教育资源。过去学校开设课程重复，一定程度上浪费了教育资源。学分制改革提高了收费的透明度，规范了收费行为。实行学分制后，改变了过去统一标准的收费，每一个学分"明码实价"，学生可以根据自己的经济情况进行选择。这样的"明码实价"让学生心里有了底，在一定程度上也杜绝了高校的乱收费现象。同时，学分制收费对缓解贫困生学费难题有积极的意义。一个家庭贫困的学生，如果选择三年修完全部学分，实质上等于减少了接受高等教育的总费用。同样，有的贫困生可以通过延长毕业期限的办法，适当少修学分、半工半读来分解学费负担。

学分制给才能、志趣、特长不同的学生提供了适合自己特点的全面发展的机会：

（1）每位学生拥有自主选择学习进程、专业方向、公共任意选修课程、本专业限选课程和任选课程的权益。

（2）为配合学分制学籍管理，学校实行专科生导师制，由学术造诣深、教学水平高的教师担任导师，负责对每位学生选学课程、专业方向进行指导和因材施教，促进学生开发潜能、发展兴趣、增长才干、提高素质，确保人才培养质量。

（3）学有余力的学生既可以按照自己学习需求，多选修课程，也可以选修辅修专业,考核合格者获选修课程学分或辅修专业结业证书,以适应社会对复合型人才的需求。

(4)学习优秀的学生,既可以修满本专业规定的最低学分而提前毕业,也可以自修某些课程,符合条件的学生可被免试推荐攻读硕士研究生。

(5)学生因学期考试不及格而没有取得学分的课程,既可以申请重修,也可以适当延长学习进程。

当然,要真正实施学分制,学校需要做好很多前期准备工作。

学校首先由各系负责组织制订教学计划,经教务处审核,报主管院长批准。计划内容包括培养目标和规格要求、课程设置和教学环节、总学分数及其相应的学时分配、教学进度表、必要的说明等部分。课程分为必修课和选修课两类。

为适应职业教育岗位群宽口径和因材施教的需要,课程设置采取模块结构,并且不论是文化基础课还是专业课均将课程分为必修课、限制选修课与任意选修课三种,专业限制选修课是大类专业下某个小专业选定的必修课。必修课和限制选修课占总学分的80~90%,任意选修课占总学分的10%~20%。

(1)必修课:指为保证人才培养基本规格学生必须修习的课程。其教学内容是一个职业群体所共同必备的基本知识和基本技能,它是从事专业大类工作的基础。它包括文化基础公共课程、大类专业公共专业基础和基本技能课程。

(2)限制选修课:指从事一定专业岗位工作所必需的专业知识和专业技能课程,它体现职业的专门化方向;专业限制选修模块为按各专业方向确定的基本模块,它是确定不同专业方向的主要依据。学生若选中某个小专业的限制选修模块,则必须整体选修该模块的所有课程。专业限制选修模块一个专业方向的教学课时占总课时的15%~20%。

(3)任意选修课:指为了拓宽、加深学生知识和技能层面,培养、发展学生兴趣特长和潜能的课程。该模块教学课时占总课时的10%~20%。

(4)综合素质模块:指学生通过国家各类等级考试和职业技能等级鉴定等考试,并取得证书,可作为选修课认定学分。

学生在校期间必须修读完文化基础模块的必修课、大类专业公共模块的所有课程和至少一个专业限制选修模块的课程。为强化学生职业技能训练,培养学生实践能力、创新能力和创业能力,提高就业层次,拓宽就业渠道,学校推行"双证书制度",要求学生在取得毕业证书的同时还要取得一门以上相应国家职业资格证书。

面对中高职学校生源质量参差不齐的现状,学分制的实施将给学生管理工作带来了全新的理念,要加大宣传和动员力度,渗透学分制实施的精神,让广大学生和家长都能明白实施学分制是职业教育发展和改革的必然结果,并在思想上和行动上予以积极配合。学制的变化给学生以自由度,也带来了很多管理上的新问题,如学习时间、地点的不确定,选课的灵活和动态,这些给一些自觉性差的学生以可乘之机,此时学生管理和教务管理必须双管齐下。

校园文化导向对学生的影响极其重要。突出职教特色,使校园文化生活丰富多彩。例如,针对不同专业、不同个性、不同层次的学生,学校可开设各种兴趣班,如书法班、英语角、艺术团等;对不同专业的学生,可举办多种有专业特色的校园活动,如旅游专业举办的"民族村"、各种专业性的校企合作等;结合学分制的学分设置,可开展多种技能实训活动,如工种鉴定认证、专项技术培训等;针对部分有潜力的学生,还可开办助学辅导班,引导他们继续深造。

实行学分制后,弹性学制给学生提供了更灵活的学习方式,成绩优秀的学生可以提前毕业,经济困难以及部分有厌学情绪或想提前就业的学生可以采取学习和就业结合进行的方式,这不仅解决了学生的实际问题,同时对培养学生的创业意识及进取精神也有现实的意义,很多职业学校在这方面已经取得了可喜的成绩。

实行学分制是中高职学校发展的必然选择,学分制的成功实施将给职业教育带来勃勃生机,而注重学分制试行阶段的有序管理是我们走向成功的有力保障。

二〇〇八年十月五日

# 品牌制胜,实现招生工作新突破

## ——以苏州旅游与财经高等职业技术学校为例

**摘　要**:招生工作是一项涉及面广、政策性强、组织任务重的工作,事关学生、家长的根本利益,事关教育的发展大局,事关社会安宁稳定,规范招生行为和秩序,明确责任,全心投入,做到严谨有序,促进教育公平,努力实现职教招生工作新突破。

**关键词**:招生工作;职业学校;树立品牌;规范行为

职业学校的招生不仅决定了学校的生存,也决定了学校的发展和未来。坚持从学校可持续发展的战略高度出发,抓住职业教育良好就业前景,以就业拉动招生。做到领导重视、全体动员、认识到位、组织到位、措施到位、落实到位,高标准严要求顺利地完成招生工作。苏州旅游与财经高等职业学校的做法和体会主要归纳为"五个一":明确一个办学目标、创建一流品牌学校、营造一种招生氛围、规范一套招生程序、达成一种招生共识,以品牌吸引学生,以出路赢得学生。

### 一、明确一个办学目标,紧贴市场对人才的需求,加大专业调整力度

苏州市委、市政府在推进地方经济增长进程中,明确提出"十一五"期间要把苏州建设成为江苏省现代服务业高地、长江三角洲地区服务业副中心和国际知名旅游城市,到2010年,苏州服务业增加值在GDP中的比重要达到38%以上。为此,我校的专业设置、培养目标紧紧围绕苏州经济发展的形势,紧扣经济结构调整的大方向,准确定位于为发展现代服务业培养人才。我们抢抓机遇,明确学校办学目标"高职为主,中职为辅,打造一流的培养现代服务业人才的学校",加大专业调整和建设的力度。

一是加强人才市场调研,先后走访了物流、旅游、文化、商贸、金融等100多家企业,根据调研结果,及时调整专业,淘汰了应用电子、电工技术等与学校定位不相符的专业,增设了现代物流、财务管理、商务英语、动漫设计、公共事业管理等多个与现代服务业相关的专业。

二是加强市场预测,深入市场了解目前发展趋势,苏州经济的快速发展,尤

其是文化、旅游、金融、商贸和园林等的人才需求量将进一步短缺,我校新增专业的招生空前火爆。

三是加快示范专业建设,目前已建成了现代物流、酒店管理、金融会计三个省级示范专业和涉外导游、园林技术等五个市级示范专业,逐步形成了示范专业群,有力地促进了学校的内涵发展。

## 二、创建一流品牌学校,强化学校管理,质量获得社会认可

塑造学校形象是做好招生工作的前提,没有品牌,不可能招到高质量的生源。我校在全体教职工的共同努力下,先后获得全国重点职业学校、全国德育先进学校、江苏省文明学校、苏州市依法治校先进学校等各项荣誉称号。归结起来,我校重在练好内功,切实加强内部管理,重视学生素质的提高。

一是强化学生养成教育和规范教育,严格执行各项规章制度,修订了《学生奖惩条例》《学生考勤制度》《文明班级评比制度》等;强化学生自我管理,出台了《夜自修管理若干意见》《夜自修管理实施细则》,让系与系的学生交叉进行值勤管理,成效显著,学校的教学秩序出现了前所未有的良好局面。

二是创新德育教育的模式,通过多种途径提高学生的素养。邀请了著名学者金正昆教授为学生开设"文明礼仪"讲座,金教授贴近生活的案例触动了学生;邀请著名的感恩大使彭成为学生讲授"感恩教育"内容,彭老师互动的讲授方式激发了学生对生命的热爱和对长辈的感恩。以此为发端展开系列活动,请家长到场,让学生为家长服务一次或写感恩信等。通过诸如此类的活动,让学生打开视野,受到了家长的一致好评。

三是加强毕业生职业道德教育,提高他们的职业技能。学校经常性开展技能大赛,并且在苏州市技能大赛、江苏省技能大赛中都获得了骄人的成绩。学校建设了省内一流、国内先进实训中心,为学生创造了与现实生产基本同步的实习实训环境,大大提高了技能教学水平。探索培养学生创新能力、应变能力、交际能力的"实训实体化"新模式,将校内仿真的实训中心变成真实的经营场所,以确保学生毕业后能很快适应企业的岗位要求。例如,创办学校旅行社,为导游专业学生提供实践基地;建设新酒店和茶艺馆,为酒店管理、烹饪专业学生提供实践教学的机会;创办校园超市,由教师指导学生进行管理和经营。

## 三、营造一种招生氛围,进行整体策划,立体开展招生宣传

学校成立了招生工作领导小组,校长挂帅,对招生工作进行了系统而深入

的研究,在确定招生计划、招生章程、宣传方案、工作规范等诸多重大事项时,整体考虑,下发《招生工作的若干意见》《招生宣传方案》《招生工作方案》等文件,对招生工作进行指导。学校通过校招生网站,公布有关政策,使全校师生及时、全面地掌握我校的招生政策,有效地提高了全校师生的参与意识,为实施"全员招生"的宣传策略提供了有力保障。

一是招生媒体宣传整体包装,在如何吸引考生报考、进而提高生源质量的问题上反复探索。学校制订了一整套招生宣传方案,调动各方面力量,实施全员招生战略,全面开展招生宣传工作。我们在宣传理念、宣传手段、宣传媒体上较之以往都有新的突破,抢抓时机,优选媒体,做到了电视有形象,报纸有文章,电台有声音,网上有信息。发挥我校招生宣传的正确导向作用,树立学校良好的外在形象。媒体招生信息的发布采用全方位、立体式的方式,使社会各界的家长及时得到我校的招生信息。今年还开展了向苏北的招生宣传工作,我们在盐城、宿迁等市的各媒体上投放广告,宣传学校的形象,吸引苏北学生来苏州上学,享受优质的教育资源。

二是加强招生宣传队伍建设,继续完善招生宣传工作制度。招生办认真总结了近几年招生宣传的经验,向招生宣传成员下发了有关招生宣传学习材料,明确招生政策、宣传内容和重点,并进行了有关培训,提高宣传人员的业务水平和能力。建立宣传工作目标制,即成立各地区招生宣传小组,负责区域的招生宣传工作,选择一些生源对应的初中学校进行重点宣传。建立宣传工作责任制,即各宣传小组成员由各系老师参加,保证我校宣传工作正常、有序地开展。深入开展"全员招生",全体师生利用各种途径宣传学校的品牌形象,并深入多所初中学校宣传。

三是开展多渠道、多形式的宣传工作,不断强化招生宣传工作的实效性。学校利用各项重大活动进行正面报道和宣传。学校招生宣传小组组织制作了各种招生宣传资料,在各市《招生专刊》上刊登学校的彩色插页,制作成光盘,送往各市招生办。我们还精心设计了2007年"苏州旅游与财经高职校"的宣传专题材料。同时由招生宣传小组负责培训外出宣传的教师。还联系了苏州各家媒体,进行招生宣传的总体包装策划,根据不同媒体的受众群体的收听、收看、阅读、上网浏览习惯的不同特点,有针对性地展开了媒体的全方位的宣传。集中在中考前夕的各个时间段进行学校的宣传工作。中考前夕,分管校长还走进苏州广播电台,做了一期"市民话题"的嘉宾,热线直播直接面对毕业生家长,并回答家长咨询,收到较好的效果。各种媒体突出宣传我校技能型人才的培养模式,我校的优秀毕业生和用人单位代表现身说法。在教育局组织的中考招生咨询会上,学校派出了40多位精兵强将,连续12小时接待家长的咨询,气氛热烈。学校还组织网上咨询和电话咨询,开通招生信息专题网站建设,接受网上登记,及时发布学校的招生计划、招生政策以及最新的招生信息,并对学生报考进行指导。利用各种渠道公布各招生工作联系人的联系方式,包括电话、E-mail,让考生直接咨询有关问题;公布招生办公室数部咨询电话和E-mail,派专人接听考生和家长的咨询电话,及时回复考生和家长咨询的电子邮件。

四是招生咨询中换位思考,为家长和考生着想,决不因专业相同而相互恶性竞争,也不贬低兄弟学校,以诚朴的语言,赢得家长的信任,站在家长的角度思考问题。对于模考高分的学生,我们在赞同家长填报高中志愿的同时,提醒他们为可能出现的考试失误着想,要填报至少一所五年制高职学校;对于分数相当的考生,我们叮嘱其考虑到可能出现的分数上扬,再加一把劲,争取正常录取,以减轻家长的择校费负担;对于低分考生,我们既鼓励其大胆报考,也实事求是地建议,还要认真填报三年制中职甚至于技校,以求得最稳妥的结果。事实证明,我们这样的宣传深得家长的认同,无形之中,使得家长对咨询老师、继而对整个学校的信任度进一步增加。

### 四、规范一套招生程序,实行阳光招生,增强招生工作的透明度

我校领导本着认真贯彻"思想到位是先导,技术到位是保障,管理到位是关键"的工作原则,招生开始前认真部署,确保了录取工作的顺利实施。学校成立了由分管纪检监察工作的校领导和相关部门负责人组成的招生监察小组,对招生过程进行全程监控,并对录取结果进行认真审核,保证了工作人员能够严格遵守招生的有关纪律和规定,杜绝舞弊行为,让广大考生和家长放心。

为保证网上录取工作的顺利进行,学校总结过去的录取经验,并结合我校的招生实际情况,制定录取方案,培训各系的录取工作人员,将有关工作具体落实到各系各部门,使得网上录取工作得以安全、有序地进行。

一是加强管理,高度重视。制定了严格的网上录取制度和措施。在招生录取过程中,统一按照各市招办的时间,认真阅档,掌握政策,严格把关,实行"三限"(限人数、限分数、限钱数)政策,系部和学校共同审核,保证了录取结果的准确性和公正性。

同时,学校加强网络安全与保密,遇到问题及时与招生办联系沟通,在招生过程中按时向联院准确上报各类数据,确保了网上录取工作的顺利进行。

二是认真部署招生录取阶段的工作,根据招生工作的需要,对暑期招生工作制订了详细的方案。尤其强调坚持标准,实施阳光招生。明确职责,认真负责各阶段、各环节的招生录取工作。详细安排各地区联络人负责各地招生录取时间的联系和录取工作。并多次召开会议,认真研究各项招生政策,以提高生源质量为前提。

三是部署好招生的各项后勤保障工作,安排收费、打印、后勤专职人员若干,使得招生工作自始至终能够有条不紊地进行,设计好招生信息录入数据库,以便各项数据正确到位。指定两位负责人负责网上录取的各项操作,保证录取工作不出差错。

四是安排招生值班咨询人员,接受家长的咨询,并公布招生热线,让家长能在第一时间了解学校招生的有关信息。

### 五、达成一种招生共识,强化内涵建设,用社会评价激励学校发展

招生工作是学校工作的综合反映,只有加强学校的内涵建设,提高教学质量和管理水平,才能从根本上吸引学生。要通过招生工作,及时进行总结,进一步明确职责,强化管理,打造品牌,突出特色,树立典型,学校才能步入良性发展的轨道。

我们正在着手学校内涵建设的全面提高,采取的措施有:

一是加快师资队伍建设,全面提升师资水平。学校全面实施了旨在提高师资队伍整体水平的学历提升、名师引进、导师制度、师德师风等九大工程,特别加强了"双师型"师资队伍的培养与建设,即培养教师不仅要具有雄厚的理论教学基础,更要具有精湛的专业技能,使专业教师既会"说",又会"做"。建立、健全切实可行的鼓励和引导教师深入社会服务业第一线锻炼的政策和措施,提升教师专业技能;明确要求专业教师都要具有本专业的高级工以上的职业资格证书,如物流专业教师必须具有助理物流师以上资格证书,导游专业教师必须具有导游资格证书等。从社会服务业一线引进具有丰富实际工作经验的管理人员,充实师资队伍,聘请行业专家、社会名家来校兼职,带动专任教师快速成长,制定政策,鼓励教师在企业和学校间有序流动。

二是推进校企合作,创新学生实训模式。我校深度推进校企合作,成立由学校骨干教师、企业专家共同组成的7大专业指导委员会:旅游教育专业委员会、物流专业指导委员会、金融与会计专业指导委员会、商贸专业指导委员会、艺术与动漫设计专业指导委员会、园林绿化专业指导委员会、烹饪专业指导委

员会。探索学生实习实训新模式,采用工学交替等方式,让学生掌握扎实的专业技能,将校内实训中心变成真实的经营场所,让学生的练习与校外企业实际的操作紧密结合起来,受到社会的一致好评。精心安排技能竞赛,组织学生积极参加市级以上各类专业知识和技能竞赛,而且屡屡获奖。

三是提升毕业生就业质量,我校精心打造而成的"抢手货"能顺应市场,秉着"为成才铺路,为就业搭桥"的宗旨,我们每年举行多场校内双选会,以"出口"拉动"入口"、以"入口"带动"效益"、以"效益"促进"发展"。建立优秀毕业生人才库,以毕业生的优秀事迹来激励在校学生,通过高质量的就业来吸引学生、赢得学生。毕业生就业率高达100%,"出口关"的顺畅,大大增强了学校的吸引力。

四是加强中外合作与交流,促进人才培养国际化。我校先后与德国、澳大利亚、日本、新加坡等国的有关学校进行合作,每年都选送学生赴日研修,赴德深造;和美国的阿格西大学、芬兰的赫尔辛基商学院签署了合作办学五年制会计专业和商务管理专业的协议等,与俄罗斯的学校商谈合作互派旅游专业学生等。与澳大利亚蓝山酒店管理学院合作举办的酒店管理专业,采取了全英文教学环境、澳方直接教学管理等模式,吸引了海内外480多名学子,目前业已成为国内最好的国际型酒店人才培养基地之一。中澳班人才培养的成功经验正在移植到我校旅游专业,也成为我校招生工作中的一个亮点。

近年来,随着各项招生考试制度改革的不断深入,特别是"阳光工程"开展以来,国家、社会、考生对每年的招生工作的要求越来越高。面对竞争日益激烈的招生形势,我校将进一步做好"内抓管理,外树形象"的工作,更新办学理念,推行以就业为导向,与企业零距离的管理模式,全面与市场、企业接轨,在学生中倡导"进入校园,你就是企业未来的员工,你的言谈举止,决定你将来的一切。"引进企业的管理及用工要求,全面提升学生的综合素质。扩大学校的社会影响力,为招生打下更坚实的社会基础。

二〇〇八年六月二十八日

# 知五寸之矩，尺天下之方

## ——探索开放式校园学生管理新模式

**摘　要**：随着教育改革的深化，各地纷纷建设大学城，并有多所学校入住。学生对教育选择的自主性日益增强，学生可以自由选择学校和专业，传统的封闭式学生管理模式正在面临挑战，没有围墙的学校必须用和谐的学生管理新模式来替代旧的管理方式。如何把握开放式校园学生管理中出现的新情况、新特点和新问题，探索建立新的学生管理体系，是当前德育教育工作者共同面临的重要课题。

**关键词**：学生管理；开放式校园；新模式

苏州国际教育园是苏州近年来教育发展的一个新高地，位于苏州风景秀丽的上方山麓，石湖之畔。规划面积10平方公里，已经开发建成6.7平方公里，入驻师生达5万多人。国际教育园是培养高素质人才的基地，以高等职业教育为主，通过对外开放、国际融合，逐步成为苏州职业教育的实验基地和示范地区，分南北两个区域，南区除了我校，还有苏州学院（筹）、苏州工业职业技术学院、苏州建设交通高等职业技术学校、苏州工艺美术职业技术学院。这里从一个校区到另一个校区，没有校门，除了宁静的道路、潺潺的小溪和一排排的绿篱，看不到围墙，只有花木连枝，绿坪环绕。这里自然景色恬美，人文历史丰富。这样的开放式校园格局决定了学校必须创新开放式的管理模式。

## 一、开放式校园学生管理是一个全新的管理模式

管理包括两种模式：开放式管理和封闭式管理。开放式管理，就是在一个相对开放的环境下，学生通过参与学校管理来实现自我管理。

首先，开放式管理是在一个相对开放的环境下，学生有可能参与到学校的管理中去，这不仅有利于决策的客观性和真实性，更有利于学生提高参与意识，与学校沟通，为将来走向社会、与社会沟通奠定基础。而封闭式管理则是在一个相对闭塞的环境中，学生不可能参与到管理中去，决策就不可能完全客观，同时也无助于学生参与意识的培养。

其次，开放式管理让学生参与，在与决策人对等的基础上，学生在执行中更积极，他们认识到自己才是管理的主体。这样，自我管理的意识逐渐建立并最终实现，学生各方面的能力在此过程中得到锻炼和提高。而封闭式管理，学生在与决策人不对等的基础上，学生只能被动接受，在执行中往往带有抵制和抵触情绪，导致政策无法真正贯彻落实，学生的潜力也无法得到挖掘和培养。

但学校的开放式管理不同于放任，更不同于放纵。它指的是解除封锁、禁令、限制等，并不是让学生放任自流，胡作非为，而是给学生一个相对宽松的环境，让他们的个性得到释放，才能得到施展。

马克思曾说，每个人的自由发展是整个社会健康发展的前提。因此，对学生实行开放式管理已经不仅仅是关乎学生个人的成长环境问题，更关系到整个社会与国家的前途和命运。

## 二、开放式校园学生管理出现的新问题

校园的开放式管理会在一定程度上对校园环境产生不良影响。桔生江南则为桔，生于淮北则为橘，可见环境对一个人的重要性。

第一，校园虽是一个小社会，但成员相对比较单一，若校园实施开放式管理，社会上的闲杂人物在校园中的比例会大幅度增加，校园中的不安定因素自然增多。

第二，开放式管理对自制能力不强的学生有较大的危险性，部分学生会抵挡不住网吧、歌厅、舞厅以及一些其他的诱惑，夜不归宿、旷课、迟到、早退，甚至与社会闲杂人员交往，影响其他学生的正常学习和工作。

第三，开放式管理限制了学校的职能，不利于学校在其他方面的管理，使开放式管理的不良影响在无形中扩张。学校对学生在生活上的管理是最基础的管理，只有基于这一点之上，才有可能实施其他管理。

第四，社会上的一些不良人员进入校园，对学生进行敲诈勒索，对学生的安全存在一定的隐患，虽然国际教育园聘请了保安进行维持，但是有时候还存在疏漏之处。

开放式管理会在一定程度上给学校管理带来难度。学校远离市区，且开放式管理没有现成的经验，只能在实践中摸索探讨。学校全体教职员工紧抓不放学生管理，工作压力和责任比以前更大了。

## 三、对开放式校园学生管理采取的应对措施

针对以上问题，我校重在加强德育工作和心理疏导，严格加强学生的管理，

实施开放式校园的"封闭式"管理:对一年级学生,以行为规范和养成教育为重点;对二年级学生,以职业道德教育和培养职业能力为重点;对三年级学生,以学会工作、学会生存的择业观教育为重点。要求全体党团员、任课教师落实特殊生包教任务,杜绝恶性犯罪、校园侵害的现象。主要抓好以下五项工作:(1)抓好德育管理队伍建设,做到一丝不苟、一着不让、一环不松、一抓到底;德育工作者具有耐心、爱心、细心和高度的责任心,并坚持勤观察、勤谈心、勤教育、勤家访。(2)建设一支素质精良的班主任队伍,做到循循善诱,诲人不倦。(3)人人参与德育工作,校领导和各级行政人员坚持执勤和巡视制度。(4)充分发挥学生会团委和班干部的作用,形成齐抓共管的新局面。(5)调动和利用社会和家庭的教育力量,形成学校、家庭和社会三位一体的教育合力。

第一,严格执行学生管理的各项规章制度,编订《学生管理手册》,并发送到每个学生手中,对新生进行入学教育并利用主题班会学习,进行评比。让所有的学生都明确在开放式的校园中应该做的和不能做的。严格执行《学生考勤制度》《学生仪容规定》《学生胸卡佩戴规定》《学生奖惩条例》等,采用《学生德育量化考核规定》来规范学生德育行为,学生和班主任老师一起打分,在教室公布学生的德育量化分数。两年来,由于各系能较好地执行学校的各项管理制度,学生的精神面貌大有改观。

第二,实行校系两级学生管理,学校统一布置学生的各项管理规范,并进行考核打分,各系每天对各班级的工作检查打分,并记录在案。例如,是否尊敬师长,友爱同学,语言文明;是否遵守课堂纪律、住宿纪律、集体活动纪律;是否着装规范、是否佩戴胸卡、留发是否规范;个人卫生、教室宿舍卫生、包干区卫生等是否到位。各系每天由一些学生干部检查各班级的情况,参与学校的学生管理工作,最后汇总向全校学生公布。

第三,学校实行校园巡视制度,分校系两级执行,时间统一,职责分明。校级领导、行政处室领导每天对各系学生工作进行巡视,各系实行护导。由系领导和系行政人员承担,发现问题及时处理。每天在四个时段进行巡视,早上8:00-8:30,中午11:30-11:50,下午13:30-13:45,放学前的15:20-15:35。第一时间发现问题,做好记录,进行处理。学生会团委的干部也充分发挥作用,特别是早上和晚自修他们能协助老师一起进行各项管理工作,班主任和任课教师注重学生的出勤,发现有无故不到的学生及时地追查到底。

第四,全方位的夜自修和晚间管理,学校每天排定九名教师负责晚自修管理和住宿生管理,各系派两名教师进行点名巡视辅导,并检查学生住宿情况。

同时校级派出一位带班人员,汇总学校的各项情况,保证学生在遇到问题时学校老师能够及时处理。

第五,双休日和其他放假时间的值班管理,学校保证24小时不间断人员的管理,学校教职员工的工作量增加了不少,教师放弃休息时间,使学生的各项管理既体现"以人为本"的思想,又不成为一种放任自流的状况。

第六,学校成立了心理教育工作室和法律工作室。心理教育工作室为学生进行心理疏导,建立了心晴社,组织学生学习一些相关的心理知识。法律工作室主要负担学生的法制教育,举办"预防未成年人犯罪"专题讲座,增强学生的法制意识。

学校的管理主要是学生管理,德育为先是学校工作的根本,我们不仅要培养学生的技能,更要教育学生学会做人,适应社会。在开放式的校园管理中,我们努力实现教育的现代化、教育的人本化、教育的国际化,全面深入地开展平安校园、文明校园、节约校园、文化校园、和谐校园的建设。我们努力构建新型的师生关系,使学生的身心健康成长。

## 参考文献

[1] 黄坚.注重校园环境的景观设计[J].职业,2013,(24):176-177.

[2] 王鑫明.高职院校环境隐性育人功能探讨[J].淮海工学院学报(人文社会科学版)[J],2012,10(18):127-129.

[3] 马怡宁.浅论职业学校环境育人的重要性[J].考试周刊,2011,(77):207-208.

二〇〇七年六月二十七日

# 主动出击 寻找位置
## ——职业学校毕业生择业工作探讨

**摘　要**：现行的职业学校毕业生就业政策是"双向选择,落实就业"。毕业生和职业学校都要转变观念,提高自身素质和就业质量,强化技能训练,想方设法走出中专生择业难的低谷。学校要把毕业生就业工作看作是一个系统工程,让毕业生在人才市场上主动出击,寻找位置,把握时机,踏上社会,让毕业生树立"先立足,后立业"的观念,规划好自己的职业生涯。

**关键词**：职业学校；毕业生择业；探讨

中等专业学校担负着为各行各业培养和输送人才的重任,随着经济改革的深入发展,中专生毕业分配制度也相应进行了改革,现行的毕业分配政策是：不包分配,进入市场,双向选择,落实就业。各地都开辟人才市场,为搞好毕业分配搭好舞台,学校把自己的毕业生领上舞台,毕业生则在舞台上展现自己的风采,用人单位根据自己的需要选择人才。应该说新的分配体制是适应时代发展的要求的,但目前由于学历层次、供需关系等各种因素,毕业生对市场应聘还有些不适应,对中专学校毕业生的调查发现,85%的毕业生想自己去应聘,但有50%的毕业生害怕面试,缺乏自信心。

### 一、认清分配形势,树立正确的择业观

由于经济的调整,企业的改革,部分经济效益好的国有大中型企业陷入困境,用人需求量也相应减少；国家机关、事业单位精简机构；教育又高速发展,毕业生人数近年来成倍增长,这些均给就业带来了压力,中专毕业生与大学毕业生相比,有不利的一面。中专毕业生应树立正确的择业观,有正确的期望值,破除"一步到位"的思想,树立"先立足,后立业"的择业观,积极主动投入到人才市场中去,参与竞争,寻找位置,最终实现"立足—立业"的转变。

### 二、做好充分的准备,主动出击

推荐工作是毕业就业中一个决定性的因素,包括自我推荐与校方推荐,尤

其自我推荐是分配中的必要环节,自我推荐具体包括以下六个方面:

**1. 掌握过硬的本领,不断提高专业知识水平和专业技能水平**

成绩好是用人单位的首要条件,在校期间,必须发扬刻苦学习的精神,掌握新知识,高标准要求自己,不满足现状,有条件的还可以利用业余时间学习额外的知识,提升知识层次。目前中专在校学生参加自学大专考试就是很好的举措,能增加竞争资本。重视技能训练,主动去参加级位考试,尽力去获得级位证书。不囿于书本知识,有创新开拓思维,抓住在校期间的各种比赛机会去激发求知欲,做到"勤、谨、博、厚",培养坚强的毅力。

**2. 一专多能,有广泛的兴趣爱好**

在具有同等学力、同等成绩的前提下,用人单位录用人才则看其专长。每个毕业生都应有一技之长,以培养自己的兴趣,提升自己的素质,如会一种乐器,或能歌善舞,能写会画,或体育竞技拔尖,对竞争就业是十分有利的。

**3. 进行社会调查,了解社会需求及用人单位对毕业生的要求**

毕业生进校后就应主动参予社会调查,根据社会对人才的需求及时调整自己的学习内容。我校每年利用寒暑假布置社会调查作业,调查以往毕业生的工作情况,了解用人单位对毕业生的要求。临毕业前根据人才市场提供的供需信息去了解一些用人单位的情况,作实地考察,做到知己知彼。

**4. 准备好充分的自荐材料,向用人单位证明自己的实力**

用人单位与应聘人员素不相识,故毕业生准备好自荐材料至关重要,材料一般包括成绩单、个人简历、应聘书、学历证书以及各种证明自己能力的证书,材料越丰富,越受用人单位的欢迎,同时慎重写好应聘书,全面论证自己的能力。在进入市场前可选择一些单位先发信函联系,给单位一个初步的印象。

**5. 注意自身形象,养成良好的行为举止习惯**

现在的用人单位挑选毕业生的余地很大,他们除了考评毕业生的知识能力以外,还要全面综合考察毕业生的其他方面的素质,如外部形象、行为举止、衣着服饰。平时应养成良好的行为习惯,衣着服饰应该落落大方,待人接物应该有礼有节,切忌矫揉造作、浓妆艳抹,面对招聘人员时既不卑躬屈膝,又不夜郎自大,而应不卑不亢,沉着冷静。

**6. 大胆应聘,精神抖擞,充满自信**

走进人才市场就应以诚朴朝气的精神风貌出现,坚决反对拉关系、走后门等不良风气,相信自己,"路就在自己的脚下"。要克服依赖心理,不要让父母代言,勇敢地推销自己。面对招聘人员的提问,语言要流畅、简洁扼要。

### 三、学校强化推荐和指导，帮助毕业生寻找位置

在新的分配体制下，学校要充当好中专毕业生与用人单位之间的"红娘"，做好牵线搭桥工作，可以从以下六个方面入手：

#### 1. 做好毕业生的思想教育工作，使毕业生端正择业态度

学校始终要重视学生思想教育，包括专业思想教育、职业道德教育、文化修养教育，让毕业生提高觉悟，把个人追求与国家利益联系起来，让学生了解社会发展现实，请人事部门同志来校作"人才供需形势"报告，宣传国家的就业政策，让毕业生主动走出去，克服毕业生的依赖心理，使毕业生自己成为择业的主角。

#### 2. 学校教学严把质量关，让学生学以致用

学校教改也应适应新的分配激励制度，努力提高教学质量，建设一支教学水平高的师资队伍，使毕业生掌握真才实学，让毕业生能抢先占领人才市场的席位，学校要根据人才市场的要求，多培养复合型人才，为学生多开设选修课，扩大其知识面。

#### 3. 传授应聘技巧，掌握应聘方法

学校针对应聘这一关，可以组织技巧研讨，让毕业生适应人才市场。毕业生往往在人才市场要过语言关、写作关、交流关。学校可以专门进行说话、会话、演讲、辩论教育训练，举行模拟面试，扬长避短。

#### 4. 学校要想方设法建立推荐就业主渠道，挖掘副渠道，开辟新渠道

这是学校推荐的实质所在，收集信息，与一些用人单位建立良好的合作信誉关系，主动介绍本校专业特色，对毕业生进行跟踪调查，以得到用人单位的信赖，拓宽毕业生就业渠道。

#### 5. 学校要建立完善的评优制度，择优向用人单位推荐毕业生

学校建立了完善的评优制度，德智体全面发展的三好学生，能力突出的优秀学生干部都是择优的对象，为就业平等竞争营造外部条件。我校学生德育成绩的评定也采用量化的办法，这为毕业生获得竞争岗位增加了砝码。

#### 6. 学校负责写好毕业鉴定，准备充足的推荐材料

学生在校期间的成绩汇总和毕业鉴定是推荐材料的两个重要组成部分，学校应力求全面客观地反映毕业生的情况，应从毕业生的个性、思想状况、行为举止、学习追求、工作能力、个人专长等方面入手，既简洁又突出特点，为毕业生画好这幅"肖像"。反对随意夸大或缩小的做法，杜绝弄虚作假，提倡实事求是，慎重而又及时地将毕业生的鉴定工作落到实处。

总而言之,现行的毕业就业制度对毕业生、对学校提出了更高的要求,用人单位在选择毕业生的同时也是在选择学校,自我推荐和学校推荐是中专毕业生就业的关键环节,毕业生和学校都要转变观念,抓住重点,强化技能训练,想方设法走出中专生择业难的低谷。学校要把毕业生的就业工作看作是一个系统工程,让毕业生在人才市场上主动出击,寻找位置,把握时机,踏上社会,"先立足,后立业",为社会主义的建设事业做出自己的贡献。

二〇〇六年七月二十日

# 注重环境效果　加强素质教育

## ——浅谈校园环境对学生素质的影响

**摘　要**：学校是培养人才的地方，只有在良好的校园环境中才可以培育出为国家做贡献的人才。二十一世纪对现代社会文明提出了新的要求，其中环境优美是实现现代文明的重要标志，这已成了人们的共识。作为现代社会文明的重要组成部分的学校，其环境的优美程度自然也是现代学校文明的重要标志。为营造学校良好的学习环境，必须重视对校园环境文化的建设，校园环境文化建设在学校发展中越来越显示其独特的一席之地。

**关键词**：素质教育；校园环境；学生组织；影响

　　应试教育向素质教育转化是人类进步和社会发展的必然趋势。素质教育是对学生进行思想素质教育、文化科学素质教育、劳动技术素质教育和身心健康素质教育的有机整体教育。素质教育是一种更科学、更合理、更高层次的教育模式。与应试教育相比，它具有鲜明的特点，素质教育是综合性的教育，要发展和促进素质教育，必须改变传统的教育方法和教育手段，需要全方位、多角度、多手段地进行教育，其中一个不可忽视、也越来越引起社会注意和重视的教育内容——环境教育，在素质教育过程中越来越显出其突出的作用。

## 一、环境育人与教书育人、管理育人、服务育人的关系

### 1. 环境育人的内涵

　　学校环境、家庭环境、社会环境在学生的成长过程中起着举足轻重的作用。所谓环境育人，就是指利用环境影响塑造人、培养人。校园是学生学习活动的场所。优美整洁的校园环境可以陶冶学生的情操，激发学生热爱学校、热爱生活、热爱学习的情感，促进学生身心的健康发展。把校园建设成假山池沼、小桥流水、鲜花盛开、绿草如茵的花园，并富有浓厚的文化气息是环境育人的根本，校风学风、名人名言、规范标志、雕塑造型都是校园中不可或缺的景观，正如苏霍姆林斯基说的那样："校园应像伊甸园一样引人入胜，要让每一面墙壁都会说话。"家庭是学生生活的场所，和谐、愉快、融洽的家庭环境是学生个性特征的基

础。社会是学生活动实践的场所,助人为乐、文明健康的社会氛围是达成学生是非观的方向标。环境育人不可忽视。

### 2. 环境育人与教书育人

教书育人是教师神圣的天职。课堂是传授知识、实施素质教育的主渠道、主战场。各科教师应充分利用教材内容,在教学中渗透思想素质教育,发挥学科育人优势,如语文的名家名篇本身都是思想性高的作品,更有一些优秀的作家的事迹催人奋进。教书育人通过教师的现身说法,很明确地告诉学生是和非。每一门学科的教师在培养学生的学习习惯,如课堂要求、学生坐姿、作业习惯等可能都会受到班级环境的影响,实际上教师同时也肩负营造良好的课堂学习环境的重任,对学生上课随便讲话等现象放任自流,时间一长,学生就会自由散漫,教师就忽略了环境育人的作用。

### 3. 环境育人与管理育人

学校是一部不停运转的机器,需要统一的管理。建立完备的德育教育体系是学校教育的头等大事。学校在校长的领导下,部门各司其职,按照规章制度办事。强化责任管理,优化管理大气候;强化班级管理,优化管理小气候;强化网络管理,优化立体育人环境。所以管理育人离不开环境育人,学校的管理必须取得家庭社会的支持,教师走访学生家庭,帮助家长端正教育思想,与当地派出所居委会取得联系,邀请革命前辈、社会各界到校做报告,共同开辟教育活动场所,创造更广泛的育人大环境。

### 4. 环境育人与服务育人

一切为了学生是办学的宗旨。学校应增强服务意识,树立全心全意为教学服务、为学生服务的思想,以优质的服务保证学校德育等各项工作的正常运转和学生的健康成长。关心学生身心健康,对学生应经常嘘寒问暖,特别是家庭困难的学生、父母离异单亲的学生要多给予关怀,在服务育人的同时创设一种充满爱心的环境,让学生体会到学校家庭的温暖,做到"润物细无声"。

## 二、注重校园环境育人效果,开创素质教育新局面

校园环境作为校园的生态系统,其特质环境主要是指校园内经过人们组织、改造而形成的校容校貌和校园学习环境,具体指校容、校貌、自然物、建筑物及各种设施等。这种物质环境自然是一种环境文化,它的作用体现出"桃李不言"的特点,能使学生不知不觉、自然而然地受此熏陶、暗示、感染。学校作为教书育人的地方,校园环境是校园文化最为直接的体现,校园中的每一座建筑、每

一处景点,都成为一种思想的传递、一种文化的表达,优美的校园环境总能以"无声胜有声"的育人效果,熏陶感染着师生,丰富净化着师生的灵魂。建设一个和谐优雅的校园环境,有利于学生身心健康成长,有利于提高教职工的工作效率。

校园环境整体的绿化、美化、亮化,形成良好的"花园式"育人环境是校园环境建设的重点。如校园中的教学楼、行政楼、宿舍楼、实训楼、食堂周边的绿化环境和校园中的花园建设都需要配套,通过"绿色植物造景为主,园林小品为辅,适当设置景点、标语、画廊"的办法,优化育人环境,丰富校园文化内涵,营造良好的育人环境,让校园中的一树一草都成景,一砖一瓦皆育人。校园中的教育宣传栏设计也非常重要,要充分发挥宣传阵地的作用,营造浓厚的文化氛围。校园文化互动性、渗透性、传承性、自觉性的特点,决定了每个生活在校园中的个体,都会烙上学校特有的文化印记。精心规划校园环境,注重特色校园文化建设,努力营造浓郁的文化氛围。学校在校门口可以建设校训展示墙,在教学楼、宿舍楼布置教室文化,创建走廊文化、宿舍文化。干净整洁的校园,修剪整齐的花木,宽敞明亮的教室,楼道里独具匠心设计出的教育名言、格言、警句图画,楼梯间的文明提示语,校园中的爱护花草的标识牌等,这些浓郁的文化氛围对规范学生言行,培养他们良好的行为习惯,灌输学校的办学理念、办学精神起到无言的教化作用。久而久之,就会对学生起到潜移默化的作用,让学生逐步养成与环境相协调的好习惯,感受到学校是他们成长的乐园。

### 三、开展丰富的校园精神文化活动,是校园文化建设的核心内容

"教育为本,德育为先",把德育工作作为校园精神文化活动重中之重,结合文明学校、德育先进校的创建活动,积极开展"美在校园""尊敬师长""弘扬和培育民族精神"等德育活动,规范学生养成教育,优化校风学风,注重文化积累,营造出一个健康优雅、凝聚人心、积极向上的校园文化氛围。

注重学生良好行为习惯的养成教育。把培养学生良好行为习惯同日常德育常规管理结合起来,把它作为一项校园行为文化建设来抓。加强卫生评比,创建一个干净、整洁的校园环境。要强调把搞好卫生同培养良好行为习惯视为一体,对乱扔垃圾的同学给予曝光、通报,慢慢地让学生养成不乱扔垃圾的习惯,能自觉地把垃圾放进垃圾桶。学校可开展"环保,从我做起"环保活动,让各班学生积极行动起来,不乱扔废弃物,自觉收集饮料瓶和废弃纸张,这无形当中让学生在活动中体验到受教育的乐趣。让学生每天走进一个干净、整洁的校

园,体会到一个拥有良好校风、学风的精神文化氛围。积极开展班级文化和宿舍文化创建活动。着眼于为学生的健康成长奠定丰厚的文化底蕴,提升学生的文化素养,提高办学品味。班级文化建设从三个方面入手:一是创设班级文化环境。各班级设置图书角,开设读书专栏,开展班级文化沙龙,让师生进行心际交流。二是开展班级读书活动和征文比赛。把读书纳入一项常规管理,引导师生品读经典,开展随笔漫谈、感悟教育,让师生读懂美丽、读懂人生的价值,通过读书振奋精神,健全品格,提升境界。三是开展宿舍文化创建活动,从学生折叠衣被、整理床铺、摆放生活用品的细节抓起,要求宿舍整齐美观,通过评比检查,促进学生宿舍的文明、卫生、整洁、美观,让学生住得舒心,家长放心。

　　教育是一项系统工程,素质教育是关键。随着当今社会的不断进步,物质条件的改善,校园环境越来越美化,校园文化越来越丰富,学校所能承载的素质教育的内容也越来越多,现代信息技术的应用,更增加了学校素质教育的丰富性、多样性,因此,现代社会更应注重校园环境的建设。

二〇〇二年六月二日

# 奏响二十一世纪素质教育的新乐章

## ——财经类职业学校素质教育新机制的构建

**摘　要**：财经类职业学校与其他学校的教育有其共同点，也有其自身的特点，教育要以人为本，抓住关键，建立新的素质教育机制，培养合格的财经人才，秉持新理念、改变旧观念、拓宽新思路，创造出一套富有成效的办学机制，走出一条自己独有的专业建设之路、人才培养之路，创新办学模式，搭建立体化育人平台。建立新的专业素质教育、综合素质教育、学生自我素质教育相结合的机制，力求全面提升学生的整体素质。

**关键词**：素质教育；财经类职业学校；新机制

21世纪的教育是以人为本的教育，是以学生为主体性、发展性的教育，教育要面向世界、面向未来、面向现代化。财经类职业学校开展素质教育时更要体现现代教育思想和教育价值，学校应本着培养高素质财经人才的目的，通盘考虑，统筹安排，以促进在校学生素质全面、和谐、整体的发展，使学生"既具有改变外部世界之智能，还具有心灵自我的唤醒能力"，形成集真、善、美为一体的人格。

科学的突飞猛进，人文精神的进一步提高，培养现代学生正确的人生观、价值观和良好的心理素质，提高学生的综合素质是目前学校需要探索和解决的关键问题。

### 一、构建专业素质教育和综合素质教育新机制

素质教育是一种高标准的教育，它并不是职业学校里开设的几门文化基础课程和一些专业课程的简单相加。素质教育对财经类职业学校来说，应该是专业素质教育和综合素质教育相结合的教育。素质教育不仅包括掌握一些理论知识，还包括学生能力的提高，特别要全面提高学生综合素质中的思想道德素质、科学素质、身体素质、审美素质和劳动素质，这也要求财经类学校要相应建立新的教育机制，以此来适应时代发展的要求。

财经类职业学校的专业素质教育主要是专业基础知识、专业技能和职业道

德教育，重在培养学生的专业素质，即未来的财经工作能力、财经职业道德等。学校对学生进行专业素质教育应从课程设置、信息讲座、专业实践、技能训练、职业道德等方面考虑。过去课程设置是按照上级规定的要求统一开设一些必修课，为适应时代的发展，现代财经类学校应该为学生开设一定的选修课程，适当扩充学生的学习内容，并让学生自己选择，以发挥学生的主体性。信息讲座也是一种实用灵活的教育形式，如财经类职业学校可以为学生开设"亚洲金融风暴"的有关讲座。财会类专业学生的专业实践可以在学校进行财会模拟实践，有关专业课程还可以走出校门参加社会实践。例如，教学经济法时就可以组织学生去法院经济审判庭旁听审判情况。技能训练更是值得学校特别重视的一项内容，财经类学校的技能训练有珠算、财会电算化、电脑操作、点钞、书写等，学校制定学生技能基本功标准，按年级完成所有基本功测试，对技能突出的学生给予特殊的奖励。学校可以举行各种技能竞赛，促进学生刻苦训练技能基本功，提高学生的竞争力。职业道德教育的实施也是财经类职业学校至关重要的一项工作，学校除开设必修课——职业道德之外，还要多方面开展职业教育，采用请进来走出去的办法，请劳模、往届毕业生来校做报告，或让学生到企事业单位参观学习，亲身感受将来的工作实践环境。

综合素质教育涵盖了专业之外的其他教育内容，财经类职业学校应注重综合素质教育，包括语言、文学、历史、社会学、自然科学、艺术、心理学等多方面的知识和能力，形式可以多种多样，如课堂、讲座、讨论会、课外阅读、校园文化活动和各种社会实践等。文化基础课程，如语文、数学、政治、历史、地理和外语中，也应对学生进行思想素质教育和科学素质教育。文化基础教育是一个人的基本素质教育，学校应该利用先进的教学手段，发挥学生的主观能动性。例如，语文教学可以通过影视、幻灯等手段激发学生的学习积极性，培养学生对祖国语言文字的感情；社会学、自然科学、艺术、心理学等多方面的知识可以通过选修课程来进行学习；音乐的素养可以培养学生对美好事物的追求与向往，如果学生能学会一种乐器，那对于陶冶学生美好的情操有极大的帮助；心理学的一些知识可以帮助学生正确对待挫折，提高自身心理承受能力，培养学生的良好的情感和意志，形成完善的人格。

学生在校生活应该是丰富多彩的，学校应根据学生的年龄特点，组织开展学生喜闻乐见的常规活动。如组织校园文化艺术节活动、校田径运动会、校球类联赛等，师生共同创造一种与社会时代密切相关的校园文化。通过音乐欣赏、书画展览、手工制作、文艺汇演、演讲、朗诵、辩论比赛等一系列健康向上的文化娱乐活动,带动校风、学风、教风的建设。寓教于乐的活动往往能成为学生时代最难忘的生活内容。学校优化育人环境也是进行素质教育的一个方面,建设美丽如画的校园,是现代学校文明的外在形象和标志,是营造学校良好学习氛围的重要内容,整洁优美的园林化校园环境可以充分体现学校高尚活泼的校园文化,有利于陶冶学生情操,激发学生爱校的感情。按照班级对校园景区划分包干区,要求学生参与管理、参与建设,培养学生的劳动品质。学校教学设施的更新也是素质教育所必需,微机室、语音室、财会模拟室、图书馆、文体馆、影视厅等学习活动场所,为学生课余活动提供了方便。通过一系列的综合素质的教育活动,力争完善综合素质教育课程的体系,营造一种文明、现代、高品位、高层次的文化氛围,引导学生坚定理想信念,以深厚的文化积淀和广博的知识筑起学生坚强的精神支柱,完成学校教育培养人才的历史使命。

## 二、构建学生自我素质教育的新机制

素质教育究其本质,是根据人的发展和社会发展的需要,以学生群体素质的普遍提高与个体素质的合理发展为根本目的,以尊重学生主体,发扬其主动精神,充分开发人的潜能,以及注重形成健全个性为根本特征的教育活动。从这个意义上讲,专业素质和综合素质教育机制的建立,离开了学生主体的参与或者忽视其主动精神,便难免落入传统教育的窠臼。因此,在实施"素质教育"过程中,学生自我教育、自我管理、自我服务的"三自",理所应当成为重点。

"三自"活动模式是一种典型的自我教育模式,其核心是让学生自觉、主动地发展个性特长。其培养目标是:有坚定不移的政治信念,主动进取的人生态度,正直诚实的品格,刚毅专注的意志,承受挫折的能力;自尊、自重、自律、自治,基础知识扎实、认知结构完备、善于独立思考,掌握一门外语和计算机语言,有一门感兴趣的特长学科;体质健、耐力强,发展一种体育爱好;举止文明礼貌、气质好,自觉提高审美情趣,发展一种文艺爱好;会劳动,养成良好的劳动习惯。要实现这一目标,必须建立起与之相适应的学生管理、评价机制和教育手段。

在学生管理机制上,必须以自我管理为主线,以育人为根本,从日常行为规范抓起,以学会做人为基点,以人格教育为基础,通过自我教育与他人教育的和谐作用,实行自我管理,全面发展学生素质,建立学生自我素质教育的机制。在评价机制上强化品德教育,始终把德育放在首位。同时,在学科教育中,各科要协调发展,力戒平均、平庸发展,鼓励单科冒尖,鼓励学生发展各自的特长,并且在评定特优生时,把体育成绩达标作为必备条件之一。

在学生德育评价机制上,实行班集体积分考核与个体学生德育量化考核相结合。学校以《中专(职中)生行为准则》为依据,对学生的思想品德要求分解成出勤、劳动、纪律、政治思想、宣传工作、学习竞赛、社会工作、好人好事等基本量化指标,每个基本指标又包括若干条评估量化细则。在给定每人每月70分基础上,对执行《准则》的行为表现相应加分,对违纪行为相应减分。每月汇总后,与基础分相加,得出月积分,学期末累计平均后,由班主任根据学生总体表现,上下浮动1~5分,得出学期量化成绩。学生的操行等第以90分以上为"优",80~89分为"良",60~79分为"中",60分以下为"差"。在校期间,评比表彰及毕业鉴定、优秀毕业生评定皆以此为主要依据。班集体素质的考评,则从建设目标出发,也量化成若干指标,并与学生个体德育量化考核相衔接。围绕这一基本制度,制定一系列配套措施,形成一个完整的系统,使这一工作易于操作,切实可行。这些配套措施包括:各班建立德育量化考核小组,班团干部各司其职,分别承担本班学生各项基本指标的考核评分记载。全校建立三级值勤网络,分别由校学生会干部、班级干部、值日学生进行值勤和逐级考核,开展各类评比检查,对各种好人好事或轻微违纪行为,给予加减分,重大违纪突发事件及时汇报学校处理。发送积分通知单,值勤网络将有突出表现或违纪学生的姓名、事实、加减分数记在积分通知单上,由学生科审核盖章后送达班级考核小组,及时传递信息。执行学生胸卡佩戴制度,校内学生应佩戴有照片、姓名、学号的胸卡,便于值勤人员识别,同时增强学生自律意识。班级建立"一簿两表":德育量化积分簿,每班一簿,由专人保管,每人一页,记载加减分情况;积分墙表,个人积分公布上墙,及时加减;积分月报表,一式三份,汇总本月全班学生个人加减分积分,由班主任审核签名后,交班组公布,自己保存,上交学生科一份备案。班集体积分考核结果在全校公布,并与全班学生德育量化考核结果挂钩。

这些办法的实施,在学生"三自"工作中可以起到以下几方面的作用:第一,改变了传统操行等第的评定方式,使学生从完全被教师评定转变为根据指标互相评定和自我评定。操行等第不是单由班主任在期末评定,而是每月以直观的积分显示,积分以本人行为表现是否符合《准则》而加减,既客观具体,又有可比性,且能及时得以反映,学生对照标准,主动进行自我调控、自我教育,且学生们之间互相激励,共同进步。第二,三级值勤网络使每个学生都有机会参与管理,而且有具体的任务,有职有权,尤其是学生干部的作用得以充分体现,培养了他们对日常问题判断处理的能力。同时,每个学生都有机会充当管理者,就能互相理解和服从管理,减少对立情绪的产生。第三,由于学生表现的好坏与操行评定和分数挂钩,而且好的评定要有具体行为表现,某种程度上要"跳起来才能摘到桃子",改变了过去干多干少一个样,因此,班级工作不再是几个学生干部忙忙碌碌,其余学生可以不闻不问,他们必须参与各项集体活动和自我服务,这样就调动了每个学生参与"三自"工作的积极性。第四,实施操作后也给班主任工作提供了有力支持,不仅在重大奖惩上,而且在轻微事项上,除了口头表扬批评外,又多了一种处理手段和把握分寸的标准,即使班主任不在现场也能从有关材料上了解到有关情况。期末评定工作中,全面详细的评分记录,又给班主任提供了必要的依据,从而减少了评定工作中的随意性和片面性,更为公正合理。第五,学生的个人行为与班集体行为具体结合起来。集体获得荣誉则给每个学生加分,从而调动了全体学生参加班集体活动的积极性。

在加强品德教育的前提下,在教育手段上,一方面,课程设置有必修课、选修课、自修课和活动课,适当压缩必修课,增设选修课、自修课和活动课,实施必修、选修、自修和开展课外活动相结合,使学生学得生动、活泼、主动,个性品格健康发展。学科教学以养成学生良好的自学习惯为基础,以培养学生自学能力和创造性思维能力为核心。以课堂教学为主阵地,突出重点,点拨思维,以教带学,以学促教,不断优化学法。在培养单科特长生的选修课教学中,可尝试师生角色互换,即指令一名单科特长生确定课题,认真备课,上台讲课,这些"小老师"促进了学校帮差工作,在课堂后半阶段师生共同讨论,并由教师总结得失。这种形式,使讲课的同学和听课的同学都能进入一种完全主动的学习状态。学生的个性将得到和谐发展,特长和潜能将得到充分开发。另一方面,突出贴近学生实际的班集体活动、课外兴趣小组活动与劳动教育,也是素质教育不可或缺的重要手段。在班集体活动中,开展"爱的奉献"系列主题班会,从父母对子女的亲情之爱,到同学友爱、老师关爱,到对人民、祖国的崇高之爱,一步步地提升学生的思想觉悟。再比如,开展"闪亮的名字"主题班会,从回顾父母取名对子女的最初期盼,对照自我现实,形成对自己名字的再认识,把父母的期盼、社会的要求转变为自我要求,并进一步提升到为自己、为班集体的名字增光添彩,从而培养学生的荣誉感和责任感。通过为敬老院、居委会做好事,在青年志愿者公益劳动中培养对社会的奉献精神。通过社会调查,了解社会对财经人才的素质要求,对自身素质和就业目标能够准确定位,培养学习的自觉性和紧迫感。

学校开展课外兴趣小组活动即第二课堂是拓宽学生知识面,加强学生技能训练的有效措施。文学社主办的《财校青年》每学期出刊两期,受到全校师生的瞩目。影评小组的评论文章多次在苏州市中等学校影视评论文比赛中获奖。学校的珠算小组、电脑小组和书法小组更是为学校培养了一批技能拔尖的人才,并分别为学校获得市级比赛的多种奖项,这些选手也受到用人单位的普遍好评。财经类职业学校培养的是工作在最基层的实际操作型人才,大部分学生为独生子女,轻视劳动、不愿吃苦的现象普遍存在,学生的生活自理能力、动手能力较差。学校为此开设了劳技教育,从教材到课时计划,从师资培养到督促检查,逐步强化,并使劳技教育制度化、系列化。成立劳技教研组,由责任心较强的骨干教师任组长;建立劳技作品陈列室,逐步完善劳技教学体系,使学校的教育与生产劳动实践相结合,更新观念,坚持育人为本,教学为主,全面发展,学有所长。为使劳技课系列化、正规化,在内容设置上应尽可能科学、合理,使其行之有效,注意克服应试教育中存在的重教轻学、重知识轻能力、重理论轻实践以及重共性轻个性的弊端,尽可能使学生的学习更加主动。通过摸索,逐步形成了适合财经类职业学校的劳技教育模式。

综上所述,财经类职业学校与其他学校的教育有其共同点,也有其自身的特点,应抓住关键,建立新的教育机制,培养合格的财经人才,这是时代赋予我们的责任,也是作为财经类职业学校义不容辞的职责,只要学校不断进取,师生共同努力,朝着现代化、高质量、有特色的目标前进,相信财经类职业学校的学生素质一定会有一个质的飞跃。

## 参考文献

[1] 鲁洁.通识教育与人格陶冶[J].教育研究,1997,(4):16-19.
[2] 李萍.现代通识教育必须重视道德教育[J].教育发展研究,1997,(2):42-45.

一九九八年五月十五日

# 后　记

做一名教师就是默默地教书、默默地育人、默默地撰文，将自己的教育教学的探索与思考、成败与得失撷取下来，连缀成文，以期与同仁相互学习与激励，相互借鉴与促进，这便汇成了这本论文集的内容。这也是自己三十多年来，从事职业教育实践的倾诉，有些理论观点也只是自己个人的看法，其中所论述的许多敏感问题、热点问题是个人教师生涯的体验。论文集分为两个部分：

第一部分是语文教学论文，对自己完成的教学实践活动有目的地进行审视，做出一些理性思考，并用以指导自己的教学。通过对自身教学行为的剖析，可以更加理性地认识自我，从而更有效地选择适合学生的教学方法和手段，扬长避短，最大限度地体现自身价值。孔子曰："言之无文，行而不远。"立足语文教学科研，围绕课程改革，聚焦课堂教学，不断优化教学方法和教学手段，更新教育理念和教学策略，促进自己教学专业水平的提高。

第二部分侧重于职业教育的实践研究，有的注重技术提升，有的重在思路，有的突出职业教育中的某个具体环节的见微知著。在实践中反思、在反思中实践，再实践、再反思，持续培养自己探究新事物的好奇心和发现问题的敏锐眼光，在现代人才观、质量观和以人为本的教育观的指导下，在教育实践中不断总结积累，及时撰写了这些教育论文。

教海无涯，学无止境；跬步至千里，耕耘来溪苑。依托"来溪语文名师工作室"，溯吴文化之起源，承吴文化之传统，育更多的保护和颂扬苏州山山水水、人文气息的优秀人才。工作室由领衔名师、核心成员、发展对象三级梯队组成，还聘请2名高职院校的专家担任顾问。除主持人外，有3名核心成员（2名副教授、1名高级讲师)和4名青年骨干教师。工作室也是对外交流的桥梁,对内沟通的平台,更是新老教师的精神家园。

  本辑论文是自己在与同仁相互切磋过程中思想的火花,思维的结晶,钻研的成果。既是自己专业成长的轨迹,也是教育教学研究工作的记录,论文中尚有观点稚嫩、偏颇、思之未深之处,诚请各位领导、专家和同仁批评指正;感谢工作室的全体同仁,督促我学习思考,感谢学校领导的大力支持。同时,由于时间仓促,水平有限,难免有疏漏之处,敬请见谅,是为后记。